파이어니어로
살아가기

파이어니어로 살아가는 당신을 위한 핸드북

조니 베이커, 캐시 로스 엮음 / 양혜란 옮김

🌀 성공회 브랜든선교연구소 ST.BRENDAN'S INSTITUTE
http://sbrd.or.kr

이 도서의 국립중앙도서관 출판시도서목록(CIP)은
서지정보유통지원시스템 홈페이지(http://seoji.nl.go.kr)와
국가자료공동목록시스템(http://www.nl.go.kr/kolisnet)에서 이용하실 수 있습니다.
(CIP제어번호 : CIP2019019248)

Jonny Baker, Cathy Ross

The Pioneer Gift:
Explorations in Mission

First published in 2014 by the Canterbury Press Norwich
Editorial office 3rd Floor, Invicta House, 108-114 Golden Lane,
London eciy otg

Canterbury Press is an imprint of Hymns Ancient & Modern Ltd (a registered charity)
13A Hellesdon Park Road, Norwich, Norfolk, nr6 5DR, UK

www.canterburypress.co.uk

This Korean edition is published by arrangement of Canterbury Press
through rMaeng2, Seoul, Republic of Korea

함께 해주신 분들

김경수, 김경현, 김영철, 김윤진, 김장환, 곽은이, 노원석

방석운, 석유선, 윤병학, 이인재, 심도기, 이한나, 조충연

성공회 길찾는교회, 성공회 나무공동체, 성공회 제자교회, 인권앤파트너스, GH선교회

Contents

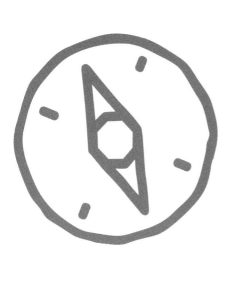

1장.
어느 목회자의 고백

더그 게이 *Doug Gay*

파이어니어 여정에 관한 세 가지 경험을 여러분께 전하려 합니다. 특별히 2013년, 연구 활동에서 벗어나 현장에서 사역했던 경험에 관한 것이지요. 실천신학은 간단히 말하자면, 교회의 실천에 대해 신학적으로 성찰하는 일을 뜻합니다. 과거 경험을 소중하게 여긴다는 말이지요. 그러나 반대로 미래를 내다보는 일 또한 그만큼 중요합니다. 일레인 그레이엄 *Elain Graham* 은 저서 『실천을 변혁하기』 *Transforming Practice* 에서 미래를 전망하는 일의 중요성에 관해 언급합니다. 성찰하는 일은 내면을 바라보는 일 *introspection* 인 동시에 미래를 내다보는 일 *prospective* 이기도 합니다. 성찰의 최종 목표는 미래를 위한 실천입니다. 우리는 선교가 신학의 근원이라 말합니다. 성찰하는 신학은 그 근원에 닿아있고, 근본적인 변혁과 쇄신을 추구합니다.

저는 『교회를 새롭게 하라』 *Remixing the Church* 에서 교회의 미래를 깊이 숙고한 바 있습니다. 책에는 20년간 이뤄진 대안 예배와 '이머징 교회' *emerging church* 에 관해 나눈 이야기가 담겨 있습니다. 이 책이 다양한 신학 분야에서 사용되는 것을 보고 저는 큰 용기를 얻었습니다. 제가 속한 교단과 대부분의 스코틀랜드 교회가 '새로운 표현'과 '선교형 교회' *mission shaped church* 에 보인 차가운 태도와는 사뭇 달랐지요. 영국 성공회와 영국 감리교회는 새로운 시도들을 받아들였는데, 여러 공동체가 이 시도에 참여할 수 있도록 도왔고, 파이어니어를 성직자로 서품하는 길을 열었으며, 지도자 양성프로그램과 관련 법조항을 마련하는 등 실질적인 투자에도 힘을 실었습니다. 스코틀랜드 교회는 이 주제에 대해 무관심했습니다. 2014년 초반, 파이어니어 사역에 해당하는 실천도 없었고, 정해진 사역 범위를 넘어 사역자가 활동했을 때 이를 조율해 줄 교회의 장치도 없었습니다. '새로운 표현'과 공식적으로 접촉한 것도 2013년 후반에야 시작된 일이었습니다. 그러나 사람들은 새로운 운동의 가치를 인정받으려면 큰 노력이 필요하다고 생각하고 이 과정을 인내했습니다. 희망과 회의감이 뒤섞여 있었습니다.

파이어니어의 미래를 살피려면, 앞으로 어떤 일들이 진행될지를 내다 보아야 합니다. 저는 2011년에 이를 '해석학적 나선'*hermeneutical spiral* 이란 이름으로 설명한 바 있습니다. 말끔하게 청산하며 시작하기, 회복을 통한 이동, 풀어내기와 보완하기, 새롭게 조합하기를 통해 완성되는 형태였습니다. 이 장에서는 제가 지금 막 참여하기 시작한 프로젝트를 통해 현재를 성찰하고 미래를 전망하며, 이 사례가 우리에게 건네는 몇 가지 도전에 관해 살피려 합니다.

파이어니어 정치학

제 가족은 2006년 1월 글래스고우로 돌아왔습니다. 캐나다 [1]재세례파 신자들과 안식년을 보낸 후, 2009년부터는 작은 공동체의 일원으로 시간을 보냈습니다. 자녀를 둔 가정, 독신가정이 포함된 몇 가정이 우리 동네로 이사해 살기 시작했습니다. 의도한 바는 아니었지만 우리는 공동주택에 머물렀습니다. 매주 수요일 저녁이 되면 함께 모여 음식을 나눴고, 아이들까지 모이면 예배를 드렸습니다. 2011년부터는 매달 일정액의 공동체 기금을 모았습니다. 우리는 지도자를 정하지도 않았고, 회원자격을 따지는 기준도 두지 않았습니다. 믿음과 예술, 정의와 공동체를 핵심 가치로 삼았을 뿐입니다.

몇 년이 지나고 우리는 새로운 교회를 시작하는 일이 우리가 진행하는 프로젝트의 부분적인 목표라고 분명하게 깨닫기 시작했습니다. 공동체와 교회는 분명 다르다고 생각했지만 교회 개척은 충분히 의미 있다 여기고 함께 뜻을 모아 추진하기로 했습니다. 가끔 의견이 나뉘었던 주제는 [2]스코틀랜드 교회의 사역자인 제가 이 교회를 스코틀랜드 교회의 축복을 받으며 시작하기 원했다는 점 때문이었습니다. 제 주장이 받아들여진다면 새로운 교회는 스코틀랜드 교회의 전도구*parish*에게 주어지는 경계와 규칙을 존중해야 했습니다.

몇몇 구성원은 이런 소속감을 원치 않았습니다. 그들은 제도적인

---

1 6세기에 유럽에서 생겨난 급진적인 그리스도교 교파다. 유아 세례를 받은 자도 다시 세례를 받아야 한다고 주장하고, 종교에 대한 국가 간섭을 완강히 반대한다는 이유로 박해를 받고 북아메리카로 이주했다.

2 스코틀랜드 교회는 스코틀랜드 종교개혁의 결과로 탄생한 스코틀랜드의 대표적인 장로교회다.

틀에 거부감을 가지고 있었고 교회가 독립적으로 움직이기 원했습니다. 무엇보다 제도 교회의 '구성원'이 되자는 요청을 받아들이기 어려워했습니다. 우리는 4년 정도 인내의 시간을 보냈습니다. 여기에는 제 책임이 상당히 크다고 인정합니다. 저는 지역의 전도구와 총회를 설득해 우리를 받아들이도록 하고, 우리의 공간을 만들 수 있다고 자신했었습니다. 패기 가득한 젊은이가 아님에도 저는 자신감에 차 있었습니다. 제가 트리니티 고등학교의 교장 직책도 맡고 있었고, 교회의 '이머징 사역그룹'의 구성원이었으며 교회를 위한 보고서도 꾸준히 작성해왔기 때문에 가졌던 생각이었습니다. "나를 믿어주면 바로잡을 수 있다"고 공동체 구성원들을 설득했지만, 결국 실패했습니다. 제가 꿈꾸었던 시도는 가능하지 않았습니다.

저는 우리 지역의 전도구 사제에게 전도구 교회와 이 공동체가 함께 공존하는 방식은 어떻겠느냐고 제안했습니다. 하지만 담당사제에게는 우리가 능력이 출중한, 제도 교회에 포섭되지 않으려는 위협적인 존재로 보였던 것 같습니다. 우리는 서품받은 사제 2명, 의사 1명, 심리상담가 2명, 크리스챤 에이드 *Christian Aid* 정규직 교사 1명, 지역사회 활동가, 예술가, 음악가들로 이루어져 있었습니다. 담당사제는 저를 '잔디밭으로 탱크를 몰고 들어오는 덩치 큰 야수'로 표현하기까지 했습니다. 가장 초라하게 버려진 교회 공간이라고 사용할 수 있게 해달라고 간청해보기도 했으나 우리는 한 발도 나아가지 못했습니다. 2년의 노력이 헛수고처럼 보였습니다. 전도구 사제의 후원 없이는 우리는 기본적인 장애물도 넘어설 수 없었습니다. 주교의 칙령에 버금가는 대안이 없었으므로, 우리가 의지할 만한 다른 방책도 없었습니다.

저는 교회가 결국에는 우리를 받아들여 줄 것이라고 안심시키며 인내심을 갖자고 사람들을 다독였습니다. 그러나 이 위로의 말은 큰 실망으로 돌아왔습니다. 이후의 과정을 짧게 줄이자면, 다른 프로젝트로 인해 한 번 더 좌절한 후에, 저는 다시 제도 교회로 복귀해 매주 하루씩 회중을 돌보는 관리사제 *locum minister* 가 되었습니다. [3] 이 교회의 회중은 30년간 줄고 있습니다. 저는 오전에는 교회의 발전 *evolution* 을 위해 일하고, 저녁에는 혁명 *revolution* 을 위해 일하겠다고 교회 사람들과 약속했습니다. 오전에는 교회의 지속을 위해, 저녁에는 파이어니어 활동을 위해 일하겠다는 것입니다. 오전에는 기존 회중을 양육하고, 저녁에는 새로운 회중을 개척하는 일이 저에게 주어졌습니다.

우리가 경험한 이 일은 파이어니어가 기존 교단 제도 안에서 활동하려 할 때 협상력을 갖추는 것이 얼마나 중요한지, 허가를 얻는 것이 얼마나 어려운지를 보여주는 사례였습니다. 시간이 지나 영국 성공회는 『선교형 교회』를 출간했고, 켄터베리대주교 로완 윌리엄스 *Rowan Williams* 는 일반 교회에 새로운 표현이 공존하는 질서를 의미하는 '혼합의 경륜' *mixed economy* 을 공적으로 지지해주었습니다. 사람들은 이 일들이 교회의 '허가'가 떨어진 순간 아니겠느냐고 말했습니다. 이 순간들이 얼마나 필수적이고, 어떻게 교회를 빚어갈 것인지 연구한다면 큰 도움이 될 것입니다. 성공회 바깥에 있는 우리들에게 파이어니어 사역과 주교의 칙령은 제도 교회의 기존 환경을 넘어서는 데 매우 중요한 도구가 될 것입니다. 이 도구들이 얼마나 효과적으로 작용했는지를 따져보는 일도 필요해 보입니다. 다른 측면에서 보자면, 교회에 '소

---

3   교회에 상주해 회중을 목회하는 관할사제의 역할을 일부 대행하는 사역직을 뜻한다.

속'되고 제도 교회에 헌신하는 문제에 관한 연구도 필요합니다. 우리는 그 어떤 제도라도 거부하려는 시대를 삽니다. 그러나 왜, 그리고 어떻게 이러한 시대가 도래했는지에 대해 묻고 따져봐야 합니다. 저는 '이머싱 교회', '새로운 표현'의 구성원들이 세례 ^{baptism}, 견진 ^{confirmation}, 교적 ^{membership} 보다는 성찬례 ^{communion} 자체에 큰 열정을 갖고 있다고 생각합니다. 이 생각은 제 직감입니다만 대부분의 연구는 직감에서 시작되는 법이지요. 경계를 긋고 문턱을 높이며 구조에 포함되지 못한 이들을 '타자'로 만드는 관습보다는 세리와 죄인들과 함께 식사를 나누시던 예수님의 열린 식탁이 현대 사회에 더 어울리는 듯합니다.

1960~70년대의 성령운동과 함께 지난 20년간 새로운 선교 운동을 주도했던 그룹에 속한 지도자들은 대부분 평신도였습니다. 선교 그룹의 지도자들과 파이어니어들이 서품을 어떻게 받아들이는지, 이에 어떻게 저항하는지를 따로 연구해 볼 필요가 있습니다. 교회일치운동에 헌신하고 '독립성' ^{independency} 에 집중하는 현상을 볼 때 [4], 이미 서품받은 제 역할은 중개자, 매개자, 방패, 교단을 떠난 평신도와 교단(연합개혁 교회와 스코틀랜드 교회) 사이의 교두보라고 생각합니다. 때로 이 역할은 매우 불편합니다. 교단은 전통이 빚어내는 사역자가 되기 이전에, 새로운 무언가를 키워내려는 공간을 쉽게 허락하지 않습니다. 결국 문제는 권한과 허가, 자원조달의 문제로 되돌아갑니다. 새로운 시도는 전통과 경쟁하지 않아도 되는 여백을 찾아내야 합니다. 이를 통해 옛 형식과 새 형식이 공존할 수 있는 방법을 발견해

---

4   다른 공교회의 허락이나 인정을 받지 않고도 자유로운 회중을 세워나가는 복음주의적 관습을 의미한다.

야 하는 것입니다.

연속적인 파이어니어 활동

두 번째로 제가 살피려는 것은 '연속적인 파이어니어 활동'이라 불리는 현상입니다. 런던에 자리 잡은 대안 회중 '그레이스' *Grace* 는 이제 설립 20주년을 맞이했습니다. 초기 구성원인 조니 베이커 *Jonny Baker* 가 수도원의 서원 방식을 공동체에 적용한 일은 매우 적절했다고 생각합니다.

제가 세우려는 새로운 회중은 지난 20년 동안 이뤄진 사역 중에 세 번째에 해당하는 공동체입니다. 레이트 *Late* 예배(1990년대 초반 글래스고우에 세워진 독립 회중)가 처음이었고, 헤크니에 세운 호스트 *Host* (1990년대 후반에 이스트 런던 해크니에서 저녁에 모이던 연합개혁교회 회중)가 두 번째에 해당합니다. 제 가족이 2005년 글래스고우로 이사 오면서 저와 아내는 새로운 것을 시작하기보다 이미 그곳에 자리해 있던 그룹에 결합하기로 결정했습니다. 우리는 지난 7년간 한 교회에 참여해왔습니다. 이 지역에서 선택할 수 있는 교회는 쇠락하고는 있지만 개방적인 전통 교회든지, 혹은 보수적인 복음주의 교회로 나뉘는 것 같습니다. 전통적이거나 카리스마적인 성격을 보여주는 교회만을 만날 수 있다는 이야기입니다.

시간이 흘러 저는 제가 관여했던 사역이 여전히 필요하다는 확신을 갖게 됐습니다. 우리 가족은 믿음과 예술, 정의와 공동체라는 네 가지 주제에 대해 자주 이야기를 나눴습니다. 네 가지 요소는 모두 필수적이라 생각하지만 우리가 사는 지역에서 이 요소들을 온전히 품은 교회를 찾기는 어려웠습니다. 익숙한 긴장이 다시 살아나는 것을 느꼈습니다. 보수적인 복음주의 교회는 사람들을 불러 모아 그리스도를 믿고 친교의 관계를 맺도록 도왔지만 정치적인 요소, 예술적인 요소는 배제하는 듯 보였습니다. 개방적인 전통 교회는 정치적이거나 예술적인 요소를 담아내고 있었지만 선교에 대한 상상력을 상실했고, 성장할 수 있다는 믿음을 잃었으며, 그래서 쇠락하는 미래에 굴복해 버린 것 같았습니다.

스코틀랜드 교회와 제가 속해 있던 지역교회의 경험을 살피면서, 저는 전통적인 회중과 나란히 공존할 새로운 회중을 개척할 필요가 있다고 믿었습니다. 교회의 쇠퇴는 일상적이라는 푸념을 교회 안에서 자주 듣습니다. 그 말에 공감하지만, 쇠락이 사실이라면 목회자들은 교회의 쇠락을 목회적으로 관리해야 합니다. 가장 어려운 점은 쇠락의 영향으로 변해버린 시스템 안에서 목회를 이어가야 한다는 점입니다. 경제학에 빗대자면, 교회적 긴축과 선교적 케인즈주의 ^{Keynesism} 사이의 균형이 필요한 시스템 안에서 목회해야 한다는 것입니다. 옛 회중과 나란히 새로운 회중을 길러내는 일은 제도 교회가 머리를 맞대고 씨름하는 일입니다. 빅토리아 시대 교회가 보여준 개척의 유산이 스코틀랜드에서 자리 잡기는 쉽지 않았습니다. 19세기 장로교단 내부의 분열은 경쟁적인 교회 개척의 물결을 일으켰습니다. 마을과 도시에 입지 좋은 장소를 차지하려고 상대 교단과 치열하게 경쟁했었습니다. 이미 교회가 자리 잡고 있던 장소 근처에 또 다른 교회가 개척되었습니다. 때로는 교회 맞은편에 다른 교회가 세워지기도 했습니다. 빅토리아 시대와 에드워드 시대의 스코틀랜드에서 교회를 계획하거나 개척하던 사람들이 생각하던 이상적인 장소는 지금과는 전혀 다른 도시구조를 전제하고 있었습니다. 스코틀랜드와 영국 교회의 선교와 미래를 위한 비전은 지역 회중을 성장시키려는 희망과 더불어 전통적인 방식과는 벗어난 형태의 새로운 도전을 포함해야 합니다. 영국 성공회와 스코틀랜드 교회는 기존의 지역교회 구조 내에서 새로운 그림을 그리는 일이 도전적인 과제라는 사실을 깨닫고 있습니다. 지역교회 시스템은 여러 장점을 갖고 있습니다. 그러나 특정 지역을 대상으로 펼치는 선교사역을 과거 관습에 붙들어 두어야 한다고 생각하지는 않습니다. 삶의 형태가 고도로 복잡해진 21세기에는 새로운 흐름과 네트워크를 고려하고, 옛 '영역'을 보완할 선교 방향이 필요합니다. 교회의 치리와 자원, 그리고 허가 구조가 지역교회 구조에 엄격하게 묶여 있는 한, 새로운 사역에 관심을 둔 사람들은 힘겨운 씨름을 이어가야 합니다. 주교 칙령의 본질이 교구(스코틀랜드 교회의 총회에 상응하는 단위)의 더 넓은 지역에 권한을 부여하고 감독하며 보완하는 사역 형태를 위한 것이라면, 이는 온당합니다. 그러나 우리 마을과 도시를 포함하는 생태계는 '혼합의 경륜'뿐 아니라 '혼합의 정치' *mixed polity* 또한 요구합니다. 지역교회 시스템을 없애자는 것이 아니라 보완하기를 요구하는 것입니다.

교회의 미래, 선교에 대한 이러한 직관과 판단, 결론은 지난 20년간 영국에서 다양한 형태로 표현되었습니다. 영국 성공회의 『선교형 교회』 보고서에서 새롭게 출현하는 선교 비전을 전략적이고 영향력 있는 의견이라고 설명합니다. 그리고 여러 교단과 선교단체, 학계에서 교회의 새로운 미래를 찾아야 한다는 의견은 논의 과정을 거치며 더 발전하고 정교해져 갑니다.

'혼합의 경륜'을 바라는 사람들은 성령 하느님과 제도 교회와 심한 엇박자를 내지 않는다면, 새로운 교회, 쇄신된 신앙을 펼쳐나가게 될 것입니다. 교단과 교구 / 노회 / 지구 *district* / 총회, 회중, 개인들이 혼합의 경륜에 필요한 다양한 사역에 응답할 것이기 때문입니다.

저는 항상 불편함을 마주하는 파이어니어로서 사는 법을 배우고 있습니다. 제 도전을 가로막고 충돌하며 다시 시도하게 하는 이 모든 경험은 제 소명을 이해하도록 돕는 긍정적인 자극이라고 여기려 합니다. 더 크고, 더 좋은 것을 향해 옮겨가려는 '경력 지향적' 사역자가 되기를 원치 않습니다. 이러한 태도가 제 장점이라고 말하고 싶지는 않습니다. 단지 더 큰 무언가를 운영하기보다 새로운 무언가를 시작하는 것에 열정을 갖고 있을 뿐입니다. 작게 시작하는 것도, 주변부에서 일하는 것도 개의치 않습니다. 오히려 주변부에서 얻는 자유를 좋아합니다. 2013년 저는 50세가 되었고, 여전히 새로운 맥락에서 어떻게 선교를 펼쳐 나갈지, 어떻게 사람들을 만나 새로운 꿈을 나눌지 고민하고 있습니다. 사기가 꺾여버린 날에는 과거를 잊지 못하고 어린 시절의 꿈을 좇는 노인이 돼버린 것 같아 걱정이 쌓이기도 합니다. '나는 내가 생각하는 교회의 비전에 이미 젊은 세대가 떠나버린, 내 또래 세대들만이 남아있는 이 교회가 굶주려 있다는 망상에 빠져있는 건 아닐까?' 그러나 저는 포기하지 못했고, 여전히 새로운 길을 걸어가려 합니다. 개인의 고민과 학계의 탐구가 서로 엮여 새로운 길을 그려낼 것이라고 저는 믿습니다.

'부름'의 신학과, 그에 걸맞은 사역 선별, 권한 부여는 제도 교회의 관심과 개인의 관심이 교차하는 핵심 영역일 것입니다. 이 영역은 제도적인 관심과 개인의 관심이 서로 보폭을 맞추는 일이 얼마나 어려운지 보여주는 공간이기도 합니다. 파이어니어들은 새로운 부름을 깨달으면, 제도 교회가 어떻게 그 부름을 식별하고 동의하며 승인할지를 살피기도 전에 그 부름을 향해 내달리곤 합니다. 자신이 속한 교단이 그 '부름'을 인정하지 않거나, 그 '부름'에 합당한 준비와 허가를 거절한다면 어떤 일이 벌어질까요? 우리는 영국 성공회와 스코틀랜드 교회, 감리교회와 같은 교단들이 '부름'을 인정하고 응답하기 위해 '혼합의 경륜'에 어떻게 대응해왔는지를 세심하게 살필 필요가 있습니다.

우리는 선교학과 교회학의 관점에서 혁신과 관련된 신학적인 질문들을 다시 살펴야 합니다. 알란 허쉬 *Alan Hirsch* 와 마이클 프로스트 *Michael Frost* 는 사도직 회복의 중요성을 강조하는 데 공헌했습니다. 그들은 직설적이지 않았습니다[5]. 사도직에 대한 의존을 지양한 이유는 공교회 안에서 사역자를 세우고 권한을 주기 위해 역사적으로 유지해 온 전통의 무게와 관련 있는데, 사도직의 의미에 대한 과용 *cavalier overuse* , 혹은 카리스마적인 복음주의권 안에서 스스로에게 권위를 부여할 목적으로 사도직을 남용한 것과도 연관되어 있을 것입니다. 반면에 '이머징 교회', '새로운 표현'을 지지하는 사람들은 창업정신 *entrepreneur* 이라는 자본주의 언어에 의존해 자본주의와 개인주의의 비전에 물든 용어를 부여잡고 있는 것 같아 안타까웠습니다. '파이어니어 사역'이라는 새로운 언어가 그 간극을 메워가겠지만, 이 '사역' *ministry* 이라는 용

---

5   Frost and Hirsch (2003) 과 Hirsch (2009)를 보라.

어 역시 신학적으로 검증될 필요가 있고, 평신도-성직자 범주의 오랜 갈등 문제에 어떤 영향을 미칠지, 그리고 파이어니어라는 새로운 요소로 인해 교회론은 어떻게 변화될지 질문해 볼 필요가 있습니다.

예배와 선교

치명적인 매력?

제 세 번째 성찰은 예배와 선교에 관한 것입니다. 저는 이장의 처음 부분에서 말했던 모임을 통해 제가 고백할 사실이 있다는 것을 깨달았습니다. 저는 수년간 이미 갖고 있던 매력적인 교회의 비전을 버리라는 강력하고 매서운 부름을 받아 왔습니다. 그러나 저는 여전히 매력적인 교회를 찾으려는 본능에 이끌리기도 합니다. 이 끌림이 치명적일 수도 있는데 말입니다. 2013년 새로운 사역을 시작하며 이 사실을 생생하게 깨우쳤습니다.

찬찬히 풀어보겠습니다. 우선 저는 교회 건물에 상당히 집착합니다. 독특함과 독립성, 아름다움이 도드라지는 건물은 매우 유용한 선교 도구가 될 것이라고 생각했습니다. 물론 아름답지 않더라도 긍정적인 영향을 끼치는 건물도 있기 마련입니다. 저는 다수의 사람들이 모이는 '공동체 건물'이 드러내는 미학적 가치, 물리적 공간을 좋아합니다. 반면에 까페 교회, 격식을 덜어낸 교회 *messy church* , 첨단기술을 활용해 창고에서 드리는 찬양집회, 영화관을 개조해 방문자를 환대하며 드리는 예배를 선호하지 않습니다. 저 역시 새로운 교회를 개척한다면 이러저러한 모습을 지닌 예배로 모든 일을 시작하겠지만, 번듯한 건물에서 격식을 차려 예배 드리려는 제 성향은 제 개인의 문제, 혹은 취향임을 인정합니다. 저는 집과 같은 안정감을 느끼게 해주고, 다른 사람들을 환대하는 예배 공동체를 만들려는 열망을 갖고 있습니다. 수년 동안 이러한 공동체를 찾기 위해 애썼습니다. 제 개인적인 성향을 넘어서면서까지 말이지요.

또한 저는 19세기 중반부터 복음주의 안에 일관되게 담겨있던 한 생각과 씨름해 왔습니다. 그것은 선교적 실천이 문화와 미학적 문제에 대해 실용적으로 접근해야만 한다는 주장입니다. 제 생각에는 이 주장은 일관성이 부족합니다. 실용성만을 중요한 가치로 여긴다면 일관되지 못한 제자들을 양성할 뿐이기 때문입니다. 이 주장은 매개체 역시 메시지의 일부라는 사실을 간과하는 듯 보입니다 [6]. 저는 교회가 어떠한 모습을 하고 있든지 사랑하는 마음으로 견뎌내려 합니다. 그러나 제가 진정한 실천이라 여기는 예배의 미학적이고 문화적인 온전성에 대한 비전을 포기해야 한다면, 제 가슴과 영혼은 황폐해지고 말 것입니다. 이 때문에 다른 사역, 복음을 증언하는 능력까지 잃게 될까 두려워지기도 합니다.

피터 닐슨 *Peter Neilson* 은 스코틀랜드 교회의 사제로 지혜롭고 인내심 많은 멘토입니다. '이머징 교회'와 파이어니어들에게 공식적이지는 않지만, 그는 장로교의 경계에 구애받지 않는 주교 *flying bishop* 같은 존재였습니다. 그는 일전에 제게 교회 개척은 예배와 복음선포, 목회적 돌봄과 예언 활동 중 하나로 시작할 수 있다고 말했습니다. 하나라도 제대로 작동한다면 시간이 지나 다른 요소들은 성장할 것이기에, 그 중 어떤 것을 선택하느냐는 중요하지 않다고 말했습니다.

---

6   Gay, 2011.

항상 예배로 모든 일을 시작한다는 것은 영화 「꿈의 구장」 *Field Of Dreams* 의 대사처럼, "그것을 만들어두면, 기다리던 이가 올 것이다"라는 생각을 담고 있습니다. 제가 다른 영역의 중요성을 무시한다는 말은 아닙니다. 제 강점과 한계가 무엇인지 인정한다는 뜻이고, 교회개척에는 서로를 보완하는 사역이 필요하다는 의미이며, 사역 활동에서 하나의 고집스런 성향, 예를 들면 남성 중심적 경향에서 벗어나야 한다는 사실을 뼈저리게 느낀다는 뜻입니다.

저는 예배를 모든 새로운 표현, 교회의 중심으로 이해합니다. 예배는 사람들을 모으고 교회와 선교의 힘을 분명하게 느끼게 하는 지점입니다. 레슬리 뉴비긴 *Lesslie Newbigin* 은 하느님이 다스리시는 왕국의 중심을 규정할 수는 있지만, 가장자리는 규정할 수 없다고 말했습니다. 우리는 예배에서 예수님이 중심이며, 삼위일체 하느님이 중심이라고 끊임없이 기도합니다.

이제 우리가 탐구해야 할 핵심 질문은 허쉬와 프로스트와는 달리, '파이어니어가 교회의 생명과 예배가 가지는 매력적인 힘의 비전을 어디까지 수용할 수 있는가'입니다. 파이어니어는 교회의 생명인 예배와 선교 중에서 한쪽으로만 끌리며, 한쪽에 치우치기 마련일까요? 이 결정은 대개 개인적인 선택, 특히 지도자의 몫으로 남겨놔야 할까요? 파이어니어는 한 가지 재능만 가지고, 모델 하나에 갇혀 상황과 무관하게 그 모델만을 복제하게 될까요? 아니면 맥락에 적절하게 자신의 부름을 녹여내는 일에 관심을 두게 될까요?

네 차원 중 하나를 앞세워 시작해 다른 세 요소를 채워가라는 피터 닐슨의 통찰은 교회개척에 어떤 의미를 던질까요? 이 영역을 더 연구

한다면 기계적인 접근의 오류를 범하지 않으면서 실천을 변화시키는 방법을 알게 되지 않을까요? 파이어니어는 어떻게 왜소한 실용주의에서 벗어나 진정성 *authenticity* 을 유지할 수 있을까요? 예술과 문화가 교회 바깥 사람들을 이끄는 요소라면, 이를 도구로 보는 관점의 위험성으로부터 우리를 보호하는 것은 무엇일까요?

신선한 적응?

이제 저는 모든 것이 예배로부터 시작할 수 있는 지점을 마련하고자 합니다. 과거를 살피는 태도에서 미래를 내다보는 태도로 전환하며 제가 고심했던 질문은 새롭게 드러날 모델을 어떻게 구조적으로 엮을 수 있겠느냐는 것이었습니다. 새로운 시도의 '디자인'이나 '스타일'에 관한 질문과 마찬가지로, 구조화에 대한 질문은 대안 예배와 '이머징 교회' 그룹 모두에게 관심받는 주제였습니다. 이러한 노력들이 피상적이라느니, 새로운 교회에 대한 집착에 불과하다느니 말하는 우려와는 별개로, 왜 교회를 새롭게 디자인하고 스타일을 수정하는 일이 파이어니어 세대, 그리고 이후 세대에게 중요한지에 대한 숙고가 필요해 보입니다[7]. 우리는 선조들과 크게 다르지 않을지도 모릅니다. 츠빙글리 *Zwingli* 나 푸긴 *Pugin* 과 같은 사람의 미학적 전환도 그들의 '교회론적' 프로젝트의 핵심과 연결돼 있었습니다.

---

7 여기서 나는 오늘날 한 세대는 더 길어진 동시에 더 짧아졌다는 가정을 따른다. 즉, 급속한 변화란 우리가 10년을 한 세대로 보는 관점에서 생각해야 한다는 의미다. 그러나 동시에 과거에 덜 매이는 사람들은 새로운 것에 재투자할 수 있는 능력도 더 많이 가지고 있다. 그러므로 이들은 세대 간 소통의 차원도 지닌다고 본다. 그 예로, 70년대의 지미 핸드릭스 *Jimi Hendrix*, 레드 제플린 *Led Zeppelin*, 롤링 스톤즈 *Rolling Stones*, 믹 재거 *Mick Jagger* 가 하나의 팝 음악 세대이지만, 이들이 세대 차이에 대한 인식을 상실하고 있어도, 이들의 취향은 넓은 의미에서 젊은 상태로 남는다.

새로운 프로젝트를 계획하면서 저는 '예배의 생태학'이라 부를만한 모범을 생각해야 한다는 자극을 받았습니다. 스코틀랜드의 보수적인 복음주의자들은 칼빈의 제네바식 관습을 존중해 보수적인 강해 설교와 두 차례 드리는 주일예배, 그리고 한번 드리는 수요일 저녁 기도모임의 형식을 이어갔습니다. 수도원 전통에서 발전한 낮과 밤, 그리고 따로 정해진 시간에 기도를 드리는 형식은 그들에게 중요하게 여겨지지 않았습니다. 아이오나 수도원에서 매일 밤 드리던 기도의 리듬은 수사들을 통해 주일 성찬례, 월요일 평화와 정의를 위한 기도, 화요일 치유 예배, 수요일 성찬례, 목요일 맡은 바 역할을 다하는 수행이라는 리듬으로 남아있었습니다. 이 사례들 역시 한때는 새로운 시도였습니다. 모두 상황에 맞춰 수정되고 적응해 왔을 뿐입니다.

2013년 가을, 저를 포함한 몇 사람은 새로운 형식의 예배를 개발하는 데 공들이고 있었습니다. 우리가 개발한 형식은 우리가 처한 선교 상황에서, 우리가 느끼고 이해한 대로 신앙을 표현하는 예배의 생태계를 어떻게 하면 만들어 나갈 수 있을까라는 질문을 담고 있었습니다.

새로운 형식은 정착되지 못했으며, 검증되지도 않았습니다. 무엇이 효과적인지를 따지는 연구 결과에 근거하지도 않았습니다. 단지 예배의 요소들을 신학, 선교, 목회적 필요에 맞추어 거칠게 결합한 결과물에 불과했습니다. 누군가 자신을 예언자라고 말한다면, 저는 그 사람에게 자신을 사도라고 말하는 것만큼이나 불편함을 느꼈을 것입니다. 그런데도 우리는 예언적 공동체가 되라는 부름, 우리 시대를 위한 언어와 전략을 택하라는 부름을 듣고 있었다고 확신합니다.

주일 저녁, 우리가 개척한 새로운 회중은 네 가지 예식을 드립니다. 중산층이 주로 모이는 지역 교회는 대학과 가까워 학생들과 교수, 예술과 미디어 분야 종사자가 많이 찾아옵니다. 우리는 그들을 생각하며 평화, 건강, 공동의 식탁, 고요한 삶이라는 네 가지 주제를 선택했습니다. 이 주제들은 예배의 형태와 초점이라는 측면에서 급격하게 세속화되어 가는 스코틀랜드 사회의 네 가지 중심 특성을 예배와 연결하려는 의도를 담고 있습니다 [8].

평화 이 주제는 스코틀랜드에 퍼져있는 탈종교, 종교 거부현상에 대한 응답입니다. 종교가 갈등과 분열의 원인으로 인식되는 이 땅에서 평화라는 주제는 매우 중요합니다. 스코틀랜드와 아일랜드는 교파 갈등과 종교를 중심에 둔 국제 테러단체들과의 전쟁 모두와 관련되어 있습니다. 제 가족은 재세례파 전통의 교회와 만남을 이어왔는데, 우리를 새로운 모험으로 이끈 인물로는 스탠리 하우어워스 Stanely Hauerwas 와 샘 웰즈 Sam Wells 를 들 수 있겠습니다. 그들은 우리 가족에게 깊은 신학적 영향을 남겼습니다. 우리 가족이 새로운 결정을 하게 된 것은 제가 제자도 훈련을 평화를 이룩하기 위한 양성훈련으로 이해했기 때문이기도 합니다. 평화와 정의를 위해 기도하고, 비폭력과 중재의 기술, 실천을 서약하는 예배를 우리는 새로운 예배 생태계의 근본 요소로 여기기 시작했습니다.

건강 이 주제는 고통과 아픔을 위로하시는 하느님에 관한 주제입니다. 사람들은 고통 속에서 자신을 하느님과 연결해 생각하지 못하

---

8   최근에 발표된 총인구조사 결과에 의하면, 글래스고우 웨스트 엔드Glasgow West End 전도구는 스코틀랜드에서 가장 세속적인 전도구다.

고 혼란에 빠집니다. 세속화 시대에서 아픔의 문제는 사람들을 날카롭게 만들고, 양가적인 인간으로 바꾸고 맙니다. 고통은 신자들을 의심으로 이끌기도 하지만, 의심은 다시 신앙으로 이끌려 올 수 있는 통로입니다. 저는 샘 웰즈가 신체적인 질병과 건강에 대해 교회가 침묵한다고 말했던 것을 기억합니다. 가일즈 프레이저 *Giles Fraser* 는 교회가 더 이상 서로의 고통과 불안을 함께 부여잡고 위로하고 치유할 수 있는 공간이 (거의) 아니게 됐다고 가디언지 칼럼에서 이야기한 바 있습니다. 헨리 나우웬은 『상처입은 치유자』 *The Wounded Healer* 에서 아이오나 공동체가 예배 중에 치유를 위해 병자에게 손을 얹는 모습을 언급합니다. 우리는 예배의 기본적인 형식에 서로를 위한 치유 기도를 포함하면서, 과도한 열광과 믿음을 드러내는 힘의 복음주의 *power-evangelism* 와 활력과 생기를 잃은 메마른 자유주의 *liberalism* 를 어떻게 하면 극복할 수 있을지 고민했습니다. 이러한 시도를 통해 새롭고 선교적인 예배가 가능해지지 않을까요?

공동의 식탁 이 주제는 예식문을 읽으며 드리는 예배가 아닌 공동식사 상황에서 드리는 예식에 관한 것입니다. 할로웨이에 있는 성루가 성공회 교회, 그리고 해크니에 있는 클렙톤 파크 연합개혁 교회는 성 목요일에 세족례를 행하고 성만찬의 기억을 되새기면서 잠시 식사를 멈춥니다. 다시 함께 식사하는 현실로 돌아와 늘어나는 사회적 배제에 관해 이야기하고, 점점 더 많은 사람들이 비좁은 집에 살며, 더 많은 사람들이 혼자 밥을 먹고 있는 도시생활에 대해 이야기를 나눕니다. 스코틀랜드 교회 맥락에서라면 전통적인 아침 성찬례가 있기에 예배에 대한 기대감은 분산돼버리고 말았을 것입니다. 그래서 우리는 더더욱 식사를 나누며, 식탁의 중심이 예수님이라는 핵심적인 사실을 기억해야 합니다. 이를 통해 우리는 그리스도의 죽음과 부활을 기억하고자 합니다. 그의 이야기를 우리 이야기의 중심에 배치합니다. 이러한 식사가 타자들을 초대하던 그 식사와 하나가 될 수 있을까요? 타자들이 부활 이야기와 음식 이야기에 움찔하게 된다 하더라도, 이 공동의 식탁에 참여할 수 있게 될까요? 이들 역시 주님의 선하심을 맛볼 수 있을까요?

고요한 삶 이 주제는 대안 예배를 드리던, 예배를 드리기 시작한 지 얼마 안되었던 때와 연결돼 있습니다. 장황하게 말을 이어가던 장로교에 대한 응답이며, 과도한 시각적 매체에 시달리고 시간 부족을 느끼는 사람들을 위한 치유제입니다. 지난 25년 동안 우리는 여러 매체, 소셜 미디어, 휴대전화의 횡포에 시달려 왔습니다. 고요한 삶을 주제로 하는 예배는 한 가지 이미지와 침묵을 통해 분주함에서 벗어나려는 시도입니다. 우리는 하느님을 기다리는 하나의 길로 침묵을 택했고, 자기 자신에게 주의를 기울이는 법을 배웁니다. 호흡하고 기다리며 응시하는 법을 배웁니다. 이 예배는 시각 예술가들이 예배를 기획할 수 있도록 만들어진 기회이기도 합니다. 그들은 마음을 모을 수 있는 상징물을 통해 사람들의 마음을 차분하게 합니다. 단순하지만 분명히 필요한 이 예배는 사람들에게 매력적으로 다가갈 수 있을까요?

우리는 이 모든 시도가 완벽하다고 여기지 않습니다. 기획했던 예배의 결핍, 부족함에 대해 알아가고 있고, 이를 보완하기 위한 모임을 시작했습니다. 오전에 모이는 연합개혁 교회는 이 형식에 포함되지 않은 설교, 어린이 예배를 제공합니다.

과거와 미래의 예배 생태계를 비교하고 살피는 일은 연구 과제로서 가치가 충분합니다. 예배가 어떻게 환경, 맥락에 적합한 모습으로 변화할 수 있는지는 중요한 선교적 주제가 될 것입니다. 우리가 사는 환경의 엄청난 규모를 생각하면, 엄청나게 다양한 변수가 예배에 영향을 미칠 것이라는 점을 분명하게 깨닫게 될 것입니다. 또한 '예전적 비관주의' *liturgical miserablism* 라 이름 붙일 수 있는 위험에 대해서, 예배가 자아내는 기쁨에 관한 탐구를 이어가야 합니다. 대안 예배, '이머징 교회', 파이어니어가 오랜 시간 질문해왔던 창의성과 지속가능성 사이의 균형 또한 모색해야 합니다. 얼마나 오랫동안 하나의 형식을 유지할 것인지, 예배는 항상 느리게 진행돼야 하는지, 그것이 작동하려면 전통의 미세한 거름막으로 모든 요소를 걸러내야만 하는지 성찰해야 하는 과제가 여전히 남아있습니다.

결론

저는 이 장에서 미래의 파이어니어가 펼칠 실천을 염두에 두었기에 의도적으로 많은 질문을 남겨 놓았습니다. '이 세계의 마음을 매만질 수 있는 새로운 길'을 찾게 되기를 간절히 바라는 아이오나 공동체의 기도문을 떠올립니다.

대안 예배, '이머징 교회'가 등장하는 이 시대가 우리에게 남긴 부담은 교회가 항상 새로운 무언가를 제시해야 한다는 것이었습니다. 교회의 찬양, 예배가 진부하다는 반응에서 출발한 1990년대 탈-카리스마틱 운동이 일어나고 나서, 그리스도교인들은 이제 무엇을, 어떻게 노래해야 할지 갈피를 잡지 못했습니다. 어떤 그룹과 회중은 침묵해

버렸습니다. 그러나 우리는 생각해보아야 합니다. 우리가 비평가와 냉소자들을 위해 예배를 만들어냈던가요? 여러분께 드리는 제 마지막 제안은 주일 예배에서 무엇을 노래할지와 관련돼 있습니다. 파이어니어의 찬양이 있다면 그 노래는 어떤 내용으로 채워지게 될까요? 그 이유는 무엇일까요? 어떠한 영성이 파이어니어 회중 안에 담겨 있을까요? 파이어니어 교회, 대안 회중, 새로운 표현을 갈망하는 사람들의 마음 깊은 곳에 가닿는 표현과 실천이 있다면 무엇일까요? 우리가 몇 가지를 시도하며 바랐던 것은 라이트닝 홉킨스 *Lightnin' Hopkins* 가 말했던 '지금이 그때'라는 사실을 독자들이 기억해주었으면 한다는 것입니다. 우리의 실천은 현실을 새롭게 변혁하는 데 목적을 두고 있습니다. 우리가 행하는 탐구의 목적은 미래를 내다보는 실천을 길러내는 일입니다. 바로 지금이 그때입니다.

참고자료

Frost, M. and A. Hirsch, 2003, The Shaping of Things to Come, Peabody, MA: Hendrickson.

Gay, D., 2011, Remixing the Church, London: SCM Press.

Graham, E., 2002, Transforming Practice: Pastoral Theology in an Age of Uncertainty, Eugene, OR: Cascade.

Hirsch, A., 2009, The Forgotten Ways, Grand Rapids, MI: Brazos.

Moltmann, J., 1977, The Church in the Power of the Spirit, London: SCM Press.

Wright, N. T. and D, Stancliffe, 2008, in J. Rigney (ed.), Women as Bishops, London: Mowbray.

2장.
변화를 실천하기

안나 루드릭 *Anna Ruddick*

"달걀이 만들어지는 과정 같아요."

"무슨 소리야?"

"흰자와 노른자처럼 전혀 다른 것이 모여 하나의 달걀로 변하잖아
요."

"그렇지."

"처음과는 전혀 다른 모습의 무언가가 탄생한다는 거에요!"

이 이야기는 제가 맨체스터 동부지역 출신인 열 아홉살 소녀 수지
Suzie 와 나눴던 대화의 일부입니다. '변화 *transformation* 란 무엇인가'라는 질
문에 그녀는 이렇게 답했습니다. 그녀는 파악하기 쉽지 않은 주제를
친근한 사물에 빗대어 표현했습니다. 이처럼 영감을 주는 대화는 도
시 공동체에서 변화란 어떻게 인식되는지를 연구하기 위해 이든 네
트워크 *Eden Network* 를 만났을 때 등장했습니다. 저는 8년간 이 연구에 매
달렸습니다. 이 장에서는 제 경험과 연구 중 떠올랐던 성찰 지점을 소
개하고, 변화라는 말의 본질에 맞닿은 몇 가지 핵심 질문을 던져보려
합니다.

저는 변화를 위해서는 이를 지지해주는 환경, 새 것과 옛 것이 대조
되는 경험, 긍정적인 정체성이라는 세 가지 요소가 결합되어야 한다

고 생각합니다. 특히 사역을 펼치기 위한 '방법론'에 관심을 두어야 하고, 추상적인 방법론을 구체적인 환경에서 펼쳐낼 일상적인 방법론 또한 개발해야 한다고 봅니다. 이러한 생각들은 제가 박사학위를 위해 이든 네트워크 도시 공동체를 연구하면서 발견한 것들입니다. 연구 참여자들의 이야기를 나누기 전에 제 연구를 먼저 소개하겠습니다. 그 후에 일상적인 방법론을 위한 제안을 드리고, 변화를 위한 조건을 만드는 방법에 관한 제 의견을 덧붙이려 합니다.

도시 공동체는 변화를 어떻게 이해하는가

이든 네트워크는 메시지 트러스트 *Message Trust* 의 학교사역에서 비롯한 선교공동체입니다. 이든 네트워크는 지역교회, 그리고 교회 개척자들의 동역자로서 영국 내에서 가장 가난한 10% 사회 구성원과 함께 생활하며 빛과 소금의 역할을 감당했습니다. 그들은 1997년 그레이터 맨체스터에서 시작됐는데, 2008년 이후에는 가난한 이들이 사는 영국의 다른 지역으로 활동을 확장했습니다. 현재는 그레이터 맨체스터와 요크셔, 노스 이스트와 험버, 런던 등에 20개 팀이 활동하고 있습니다.

저는 이든 네트워크의 기획자로 일하며, 맨체스터 안에 자리한 '오픈쇼' *Openshaw* 라는 공동체와 함께 했습니다. 7년간 이곳에서 살았고, 무슨 일이 벌어지는지를 관찰했으며 새로운 도시 공동체가 겪는 복잡다단한 과정을 함께 겪기도 했습니다. 제 박사학위 연구는 도시에서 펼쳐진 사역 경험과 팀 구성원들을 돕는 과정에서 비롯된 것입니다. 제 연구의 문제의식을 짧게 요약하자면 이렇습니다.

참여자(팀 구성원과 공동체 구성원)들은 이든 네트워크의 독특한 도시 사역 접근법이 어떻게 변화를 이끈다고 인식하는가? 그들은 어떻게 구원과 제자도를 전하는 성서 모델을 구현하는가?

답을 얻기 위해 저는 유의 표본추출 *purposive sampling* 방법을 활용해 열여섯 번의 인터뷰를 진행했습니다. 인터뷰 대상은 이든 네트워크 구성원과 그들을 만났던 지역사회 주민들이었습니다. 연구 결과를 더 발전시키는 일은 이 장의 범위를 넘어섭니다. 단지 이든 네트워크가 가지고 있던 변화 개념과 그에 따른 이야기들 몇 가지를 나누며 성찰해야 할 부분을 전하려 합니다.

변화에 관한 이야기

연구 결과는 이든 네트워크가 사용했던 변화의 언어가 어떻게 그리스도교의 이야기와 만나는지를 보여줍니다. 지역 공동체 참여자들은 일반적으로 편안하게 변화의 언어를 사용하여 자신의 삶과 다른 이의 삶에서 드러난 긍정적인 변화를 묘사했습니다. 그들은 변화를 추상적인 개념으로 이해했습니다.

"내 안에 무엇인가를 변화시켜요."

반면 이든 팀 구성원들에게 변화의 언어는 매우 구체적인 것으로서, 사역을 향한 그들의 모든 기대가 담긴 것으로 여겨졌습니다. 변화의 언어는 간단히 말하자면, 하느님의 활동에 순종하는 것입니다.

"하느님이 우리를 어떻게 이끌어 가시며, 우리는 어떻게 그분이 원하시는 모습으로 변화해 가는가?"

지역 공동체 구성원도 하느님이 구체적인 삶에 관여하고 계시다고 생각하는지를 묻는 질문에 대해 어느 정도 긍정적으로 대답했습니다. 그러나 그들은 단지 "그렇다고 생각하고 싶어요" 정도의 대답을 할 뿐이었습니다. 지역 공동체 구성원들이 변화에 관해 이야기할 때 보여준 편안함은, 그리스도교에서 관습적으로 사용하는 구원의 언어를 이야기할 때의 어색함과는 사뭇 대조되어 보였습니다.

"그리스도교라고 하면 '구원하는 군대!'라는 말이 머리 속에 떠올라요."

제자도 *discipleship* 를 설명하자 지역 주민들은 이든에서 활동했던 이들이 했던 말을 기억해냈습니다.

"이든 팀과 많이 일했어요. … 제자도란 하느님을 따르는 여정이라고 생각해요."

이든 팀 구성원은 자신들이 기존의 신학 언어에 도전해왔음을 깨닫고 있습니다. 한 참여자는 구원에 대해 질문받자 "구원이 모든 이들에게 꼭 들어맞는 단일한 형태로 존재한다고 생각하지 않아요. 그것은 불가능해요. 생각만해도 끔찍할 정도예요. 관계적인 문제라고 생각해요"라고 답했습니다.

변화, 구원과 제자도에 관해 구체적으로 질문했을 때 참여자들이 어떤 단어를 선택해 대답했는지, 어떻게 반응했는지가 연구 과정에서 중요했습니다. 데이터를 살핀 결과 공동체 구성원들에게 변화란 기존의 그리스도교가 말하는 변화보다 더욱 더 시급한 이야기며, 친근하면서도 일상 가까이에 있는 무언가라는 사실을 발견할 수 있었습니다. 이든 네트워크에게 변화란 과연 무엇인지, 또 그 변화는 넓은 차원의 그리스도교에게 어떤 의미를 전할 수 있을지에 대해 살펴보아야 할 필요를 느꼈습니다.

이든 네트워크는 1997년 메시지 트러스트가 맨체스터 남부에 있는 거대한 사유지, 위든쇼에서 행했던 일주일간의 학교 사역 경험에서 출발했습니다. 여기에는 자그마한 청년 회중이 모여 있었습니다. 그들은 믿음을 갖기 위해서는 사역에 대한 새로운 접근법이 필요함을 증명해 보였습니다. 그 결과 메시지 트러스트가 모집한 하나의 팀이 위든쇼에 자리 잡았습니다. 팀 구성원은 위든쇼에 오랜 시간 머무르며 지역 주민들과 함께 살아가기 시작했습니다.

메시지 트러스트는 복음주의 은사에 집중하는 카리스마적인 단체입니다. 그들은 일차적으로 단체의 설립자이자 경영자였던 앤디 호손 *Andy Hawthorne* 의 은사를 중시합니다. 회심과 활동을 향한 그들의 복음주의적 헌신은 '복음주의적 말과 행동'이란 언어로 표현됩니다. 메시지 트러스트는 지역 주민들을 불러 모을 수 있는 음악회부터 시작했습니다. 음악회는 힙합과 댄스음악을 통해 맨체스터 지역의 십대 청소년들이 자신들에게 적합한 찬양을 찾아가는 장이었고, 영감을 발견하는 장소였습니다.

이러한 맥락 안으로 오순절교회와 카리스마적인 복음주의 진영 내부에서 발전해 온, '변화'에 관한 영화들이 들어오기 시작했습니다. 에드 실보소 *Ed Silvoso* 가 제작하고 배급한 이 영화들은 하느님의 활동을 구원과 기적으로 그려내면서, 초기 복음주의 부흥을 이끌었습니다. 에드 실보소는 피터 와그너 *Peter Wagner* 가 이끌던 교회성장운동의 영향을 받았습니다. 1990년대 에드 실보소는 전 세계를 돌며 교회 지도자들과 회중에게 기도와 복음주의로 연합하여 "그들의 도시를 하느님의 것으로"[1] 만들라고 재촉했습니다. 그는 하나 되게 하는 기도와 신자들이 주도하는 복음주의 지역 공동체, 더 거대한 '십자군'과의 연합을 강조했습니다.[2]

에드 실보소가 1990년대 중반 맨체스터를 방문했을 때 사람들에게 전했던 영감, 구원과 부흥의 메시지, 구조의 변혁과 강력한 변화의 언어는 메시지 트러스트의 설립 배경이 되었습니다. 이든 팀은 1997년 이러한 맥락에서 출범했습니다. 그들은 이사야서 43장의 구절에서 큰 영감을 받았습니다.

> 보아라, 내가 이제 새 일을 시작하였다. 이미 싹이 돋았는데 그것이 보이지 않느냐? 내가 사막에 큰 길을 내리라. 광야에 한길들을 트리라. 사막에 물을 대어주고 광야에 물줄기를 끌어들이리니, 뽑아 세운 내 백성이 양껏 마시고 승냥이와 타조 같은 들짐승들이 나를 공경하리라. (이사 43:19~21)

맨체스터의 사막에는 큰 물길이 나고, 들짐승과 청년들은 찬양하게 될 것이었습니다.

이든 네트워크는 지난 5년간 "공동체 내부로부터의 변화"라는 표어를 사용해왔습니다. 이 말은 이든 네트워크의 열망을 잘 드러냅니다. 예전에 작성한 논문에서 저는 이든 네트워크가 선교를 통해 경험했

---

1   Silvoso, 1994, p. 15

2   Silvoso, 1994, p. 270

던 '변화'는 도시 청년들을 만난 것, 그들이 살던 장소에서 함께 산 일에서 출발했다고 적었습니다. 대중 구원에 대해 강조했던 초기 모습과 팀 구성원의 성찰과 대조하면서 저는 "소속감과 성실한 실천, 감사가 일상에서 표현되는, 변화된 삶을 바라는 희망이 이든 팀의 기대로 자리 잡았다"고 썼습니다.[3] 이든 네트워크의 책임자인 매트 윌슨 *Matt Wilson* 은 "변화란 이러저러한 것들을 비워내는 일이다. 선한 것이 출현하려면 여러 난관과 역경을 거쳐야한다"고 말했습니다. 그는 자신의 책 『구체적인 믿음』*Concrete Faith* 의 한 챕터를 "양성과정을 변화시키기" *Trans-formation* 에 할애하며, 우리 주변 사람들의 변화를 위해서는 도시 공동체 사역자를 양성해야 한다고 주장했습니다.

변화는 직접 몸으로 뛰는 실천 뿐만 아니라 변화를 꿈꾸는 이야기에서 출발했습니다. 가장 강력한 영향은 해방신학으로부터 전해졌다고 주장하는 이들도 있습니다. 그들은 이든과 같은 운동이 가난한 사람들을 향한 하느님의 관심을 중심에 두는 해방신학자들의 유산에서 뻗어 나왔다고 말합니다. 그러나 우리는 이든 네트워크의 경험에서 구체적인 교훈을 얻어야 합니다. 파울로 프레이리 *Paulo Freire* 는 교육학의 개념들을 사용해 변화에 관해 설명했습니다. 그는 인간이 자신의 억압받는 상황을 인식할 수 있고, 상황을 뒤집기 위해 행동할 수 있는 힘을 지녔다고 믿는다면 상황은 변화한다고 말합니다. 이든의 발전 과정과 제 연구가 만나는 두 가지 지점이 분명해집니다. 먼저 '억압된 사람들을 위해서가 아니라, 그들과 함께' 형성되는 프레이리의 교육론입니다. 이는 이든 팀의 언어에서도 표현됩니다. 이든 팀은 사

---

3   Thompson, 2012, p. 54

람들에게 ^{to} 무엇을 하라고 말하지 않고, 사람들을 위해 ^{for} 무엇을 하는 것도 꺼리며, 오직 공동체 사람들과 함께 ^{with} 무언가 실행하며 배웁니다. 둘째, 세계관을 문제의식의 출발점으로 삼는 프레이리의 의식화 방법론입니다. [4] 앞으로 등장하겠지만 연구 결과는 기존 관점에 도전하는 일이 매우 중요하다고 말합니다. 이든 팀 구성원들은 도시 공동체에 녹아 들면서, 공동체가 어떠한 세계관을 지니고 있는지 배웁니다. 그리고 팀 구성원이 지닌 관점을 통해 기존의 세계관을 검토하고 이의를 제기합니다.

이든 네트워크에 영향을 준 두 번째 변화 이야기는 데이비드 보쉬 ^{David Bosch} 로부터 나왔습니다. 그는 변화를 역동적인 성령을 통해 하느님이 세상에서 펼치시는 활동, 즉 '하느님의 선교 ^{mission Dei [5]}'라고 이해합니다. 이든 네트워크가 변화에 참여하는 초기 과정은 곧 하느님의 활동에 참여하는 것으로 새롭게 이해됐습니다. 윌슨 ^{Wilson} 은 이렇게 말했습니다.

> 이든 팀 구성원들이 진정으로 예수를 따르자, 수천명의 사람들이 그들에게 감동 받아 변화했다. [6]

변화 이야기에 영향을 미친 마지막 요소는 정부의 재생 ^{regeneration} 담론이 10년간 변화 이야기와 결부된 것을 들 수 있습니다. 이든 네트워

---

4   Freire, 1996, p. 90

5   Bosch, 2011, p.401
    하느님의 선교에서 '선교'란 근본적으로 교회의 행위가 아니라 하느님의 성품이라고 본다. 선교란 세상을 향한 하느님이 행하시는 운동이기에, 교회는 선교를 향한 하나의 도구로 여겨진다. 선교가 있기에 교회가 존재하는 것이다.

6   Wilson, 2012, p.26

크가 유지해 온 변화의 희망, 구원과 제자도는 실천의 측면에서 사회 시스템의 문제와 직결되어 있었습니다. 구원은 지금-여기 *here-and-now* 의 시급성을 포함한 주제였고, 제자도는 새로운 전체성 *holism* 이라는 측면을 담고 있었습니다. 신앙이 내면이나 마음에 국한되지 않고 우리의 몸, 우리가 이룬 사회와 맞닿아 있다는 것입니다. 이든 팀이 공동체를 통해 건강과 교육, 중독과 주택문제 등의 사회적 이슈에 참여하게 되면서, 지역전략파트너십 *Local Strategic Partnerships* 과 뉴딜위원회 *New Deal committee* 와의 연대가 필요해졌습니다. 연대를 위한 사상적 토대가 절실했는데, 사회 전체의 구원과 개인의 변화, 하느님 나라의 도래라는 공동체의 변화 이야기가 다른 이들과 협력할 수 있는 토대로 자리 잡았습니다.

이로써 변화는 매우 실용적 *pragmatic* 인 이야기며, 긍정적이고 수월하며, 유용한 무엇임이 분명해졌습니다. 복음주의와 자유주의 신학 안에 담긴 행동과 경험에 대한 강조, 그리고 그 열매인 메시지 트러스트의 헌신은 '무엇이든 가능하다'는 기업가적 실용주의를 탄생하게 했습니다. 스윈튼 *Swinton* 과 파티슨 *Pattison* 은 이렇게 주장했습니다.

> "유용성이라는 기준은 유효하다. 그리스도교가 전하는 언어는
> 그 말이 어떤 기능을 하는지를 두고 판단되어야 한다." [7]

변화 이야기는 확장을 추구하며 생각이 다른 이들을 포용하기 때문에 이든 네트워크의 신학을 다양하게 만들었습니다. 특정 교파의 이야기에 매이지 않고, 정부와 지역사회 기관과 수월하게 소통하며 구

---

7   Pattison and Swinton, 2010, p. 226

성원들의 실천에 따라 생성되고 변화하는 신학을 추구한 것입니다.

변화를 개념화하기

제 연구는 변화를 개념화하려는 목적을 갖고 있었습니다. 이를 위해 이든 네트워크의 이야기를 뿌리로 삼았습니다. 그리고 결과물을 종교심리학자 레이몬드 팔루치안 *Raymond Paloutzian* 의 연구와 나란히 놓고 비교했습니다. 팔루치안은 종교적 변화의 범위를 설정합니다. 그는 "영적 변화는 한 사람의 자기규정과 삶의 해석, 목적과 궁극적 관심사에 기초를 둔 의미체계를 변화시킨다[8] "고 말합니다. 그에게 회심 *conversion* 이란 영적 변화라는 큰 그림 안에 포함된 하위 범주입니다. 제 연구 결과 또한 팔루치안의 주장을 뒷받침합니다. 이든 네트워크 구성원인 폴 *Paul* 은 이렇게 말했습니다.

> "저는 그 길을 가고 싶지 않았어요. 지금처럼 사람들을 도우면서, 이 모습 그대로 살면 행복할 것 같았어요. 저는 변화를 원하지 않았어요. 그런데 그들이 저를 변화시켰어요. 더 어른스러워지고 더 많은 사람을 존경하도록 변화시켰지요. 그러나 그들은 의도하지는 않았던 것 같아요. 만약 그랬다면 제가 그 방식에 적응 못했을 거에요."

팔루치안이 말했던 영적 변화에 대한 정의는 폴이 설명하는 개인적 변화를 이해하게 해줍니다. 폴은 자신의 의미체계에 심오한 변화가 있었음을 인정합니다. 그는 그것을 "더 어른스러워지고 더 많은 사람을 존경"하게 됐다고 표현했지만, 그리스도교로의 회심을 결심하

---

8   Paloutzian, 2005, p. 333

지는 않았다고 여지를 남기기도 했습니다. 그는 도시 공동체 안에서 나타났던 믿음과 변화의 복합적인 상호작용을 잘 보여주는 인물입니다. 규칙적인 교회출석과 자원봉사, 성서에 대한 관심을 표현합니다. 또 자신의 생각을 이렇게 설명합니다.

> "하느님은 아마도 무슨 일이 벌어져 그분을 만날 때까지, 항상 나보다는 앞서가는 분인 것 같습니다. 무슨 일이 생기기 전까지 저는 항상 그분 뒤에 있어요. 그리고 일이 생길 때까지는 볼 수도 없지요."

변화 이야기에 담긴 이 복잡성을 고려했을 때, 저는 그리스도교가 품었고, 이든 네트워크가 전한 변화의 이야기가 구성원들이 자신의 변화를 표현할 수 있도록 영향을 미쳤다고 생각합니다. 구원과 제자도의 개념을 알아가도록 변화 이야기는 우리를 신학적으로 준비시킵니다. 언어에서 시작되며, 매개하는 것도 언어인 셈입니다. 우리는 변화 이야기를 통해 구원과 제자도, 성화聖化에 대한 전통적인 신학 언어를 지속적으로 만납니다.

저는 앞서 이든 네트워크의 경험에서 변화 이야기가 어떤 역할을 담당했는지를 추적하고, 종교심리학자 팔루치안의 이야기를 따라 한 사람의 의미체계를 변화시키는 영적 변화에 대해 살펴봤습니다. 이제 인터뷰에 참여했던 세 명의 목소리를 통해 변화하기 위해 필요한 세 가지 조건을 설명하려 합니다.

중심 조건 1. 지지해주는 환경

수지 *Susie* 는 이렇게 말했습니다.

> "제 생각에는 지지를 많이 받았어요. '넌 할 수 있어. 이것도 할
> 수 있고, 저것도 할 수 있어. 네가 마음을 두고 있다면'이라고 말
> 해주는 사람들을 많이 만났어요. 저희 아버지는 많은 시간을 술
> 집에서 보내셨어요. 집에는 저를 지지해주는 사람은 없었어요.
> 이든 팀은 제가 들어보지 못했던 말로 저를 위로해주었어요. …
> 사람들은 '넌 충분히 성장했어. 할 수 있어'라고 말해요. 이렇게
> 지지를 받고, '우린 네가 이 일을 해내리라 믿어'라는 말을 들으
> 면 제 생각은 바뀌고 어른이 되는 것 같았어요. 아버지는 늘 '네
> 가 원하면 해보든지'라고 말했거든요. 저는 이제 정해진 시간에
> 해내야 할 일들을 알고, 사람들이 저를 깊게 신뢰한다는 걸 알
> 아요. 그들은 제게 제한된 시간 안에 일하는 법을 가르쳐줬어요.
> … 제 자존감을 끌어 올려줬어요. 그제야 저는 옷차림과 머리 손
> 질에 관심을 두기 시작했어요. 그 사람들은 제가 놀림 받을 사람
> 이 아니란 걸 알아주었구요. … 그들은 그렇게 안전과 버팀목을
> 제공해줬어요."

인격의 변화라는 주제는 그리스도교 신학 전체에 흐르고 있습니다.
특히 복음주의 전통에는 회심과 성화라는 그리스도교 신앙의 결정적
인 요소가 담겨 있습니다.[9] 변화에 대한 기대는 성서와 예전, 문화 속
에 담겨 있던 변화의 언어를 만납니다. 제 연구는 이 언어에 집중된 것

---

9   Bebbington, 1989, p. 5

이면서 동시에 변화의 언어가 어떻게 사람들이 자신을 둘러싼 환경을 넘어서 변화를 열망하게 하는지를 살피는 데 목적이 있습니다. 지지하는 관계는 변화할 수 있는 안전한 공간을 마련해 줍니다. 팔스 거긴 *Charles Gergin* 이 말하듯 서로를 지지하는 관계는 "그리스도교 공동체에 사람들을 깃들이게 해 '믿음과 돌봄으로 살아있는 공동체'로 변화" 하도록 만듭니다. [10)

중심 조건 2. 새로움으로 익숙함에 맞서다

클레어 *Clare* 는 처음 교회를 방문했을 때 경험을 이렇게 설명합니다.

"사람들이 오고 있었어요. 보통 때 만나는 사람들은 아니었지요. 무슨 뜻이냐면 자기 자신에 대해 생각을 많이 하는 사람들이었다는 뜻이에요. 자신의 건강과 서로의 안위에 대해 이야기를 많이 나눴어요. 그게 좋았던 것 같아요."

"당신 자신에 대해서는 어떤 생각이 드셨어요?"

"그들처럼 되고 싶다는 생각을 좀 했어요. 제가 예전에 살던 곳에는 모든 종류의 마약이 있었거든요. 여전히 거기서 지내고 있었다면... 그곳을 떠나야 해요. 교회에 가는 것이 도움이 됐어요. 지금 이 순간이 가장 중요하다는 걸 알게 해줬어요. 멋지게 보이려고, 선해 보이려고 노력할 필요가 없다는 것도 가르쳐줬어요. 저는 어른인데 이제 그럴 필요는 없지 않겠어요?"

팔루치안은 "종교적이든, 그렇지 않든 간에 영적 변화는 어떤 이가

---

10 Charles Gergin, 1997, p.100

과거의 의미체계가 더이상 작동하지 않음을 깨달고 새로운 의미체계를 구축할 필요성을 느끼는 데서 시작한다"고 말했습니다. 그는 "변화는 삶의 부조화에 대면하면서 시작된다"고 생각합니다. [11] 새로운 무언가로 익숙한 것들을 대면하는 일은 변화를 가능하게 하는 요소임이 연구 결과를 통해 입증되었습니다. 클레어와 같은 공동체 구성원의 변화는 이든 팀 구성원과의 만남에서 시작됐습니다. 새로운 생활방식은 과거 경험에 도전했고, 과거 의미체계에 의문을 제기했습니다. 이와 마찬가지로 이든 팀 구성원에게 일어난 변화 또한 자신과 대조되는 이들과의 만남을 통해 일어났습니다. 누군가를 변화시키려 애쓰던 이들도 예상치 못하게, 스스로의 변화를 경험했던 것입니다.

팔루치안은 "한 사람의 '당위적 상태 ought'와 '자연적 상태 is' 사이"에 대한 의심과 두 상태의 부조화가 대조 경험의 핵심이라고 봅니다. [12] 그는 환멸을 일으키는 부정적인 인생 경험에 초점을 두고 있었습니다. 그러나 저는 관계를 통해 드러나는 긍정적인 대조 경험 또한 가능성을 갖고 있다고 생각합니다. 이 경험은 똑같이 불일치, 부조화를 일으키면서 의미체계의 재평가를 가능하게 합니다.

중심 조건 3. 변화 중에도 동일하게 유지되는 무언가

이 요소는 연구 결과 일부에서만 나타납니다. 맨체스터 출신의 열여섯살 소년 잭 Jack 은 변화를 설명하며 이를 전면에 내세웠습니다.

"마치 식물이 자라나듯 한 방향으로 자라나요. 그게 사람의 성

---

11 Paloutzian, 2005, p.334

12 Paloutzian, 2005, p.334~7

장이죠. 마치 나무의 가지들이 옆으로 넓어지듯 변화하는 거에요. 말이 되는지 모르겠지만, 가지는 길게 자라나다가 여러 가지로 풍성해지듯이 사람은 성장하면서 점점 더 온전한 인격체로 자라나요. … 많은 사람이 변화를 생각할 때, 우리를 혁명가로 여기는 것 같던데. 우리는 점점 자라고 넓어지는 것을 빼면 별로 변하지 않아요. 정신이든 마음이든, 영혼이든 하느님과의 관계든, 아니면 다른 무엇이든지 말이에요. 변화는 완전하게 변하는 것이 아니라 그저 넓어지는 과정일지도 몰라요."

변화는 급진적이고 급격한 것처럼 들리지만, 연구에서 나타나듯 어떤 상태를 유지하는 것 또한 매우 중요한 요소로 포함됩니다. 응집력 있고 지속적인 변화를 위해서는 한 개인이 긍정적이고 확고한 자아감을 갖고 있어야 합니다. 정체성과 수용력을 단단하게 품고 있는 상태에서야 새로운 것을 끌어안고 변화에 참여하여, 진정성 있게 변화하는 일이 가능해집니다. 변화는 다른 문화에 '적응하며 맞추기'를 배우는 과정이 아닙니다. 오히려 한 사람의 의미체계를 새로운 정보에 기초해 새로 설정하는 일이고, 발전하도록 돕는 일이며, "그 사람의 삶의 해석과 목적, 궁극적인 관심사"에 변화를 불러오는 일입니다. [13]

저는 지금까지 도시 공동체 구성원의 목소리를 통해 조건 세 가지, 누군가의 기대를 지지해주는 환경, 새로움으로 익숙함에 맞섬, 변화 중에도 동일하게 유지되는 무언가가 변화에 필수적이라고 주장했습니다. 이제 이 중심 조건들이 일상에서 어떻게 만들어지고 영향을 줄 수 있는지, 제가 직접 도시 사역에 참여해 얻은 경험을 통해 설명하

---

13 Paloutzian, 2005, p. 334

려 합니다.

일상의 방법론

제프 에스리 *Jeff Astley* 는 '일상의 신학'을 이렇게 정의합니다.

> *일상의 신학이란 학문적으로 신학교육을 받지 못한 신자들이*
> *하느님에 관한 대화에서 발견하는 믿음과 신앙의 과정이다.* [14]

그는 일상의 신학자가 학습하는 과정을 세 단계로 나누어 설명합니다. 우선 종교에 대해 간접적으로 학습한 뒤, 믿음을 자신의 것으로 끌어안고, 내적 동기에 근거해 공동으로 혹은 독립적으로 믿음의 탐색을 지속하는 세 단계를 제시하고 있습니다. [15] 세 번째 단계를 이든 네트워크의 언어로 풀자면 '서로를 지지하는 제자도' 정도로 이해할 수 있겠습니다.

여기서 '일상의 방법론'이란 온전하게 영적 변화와 관련한 탐색을 지속할 수 있게 사람들을 양육하는 사역활동 방법을 뜻합니다. 실천가들은 '어떻게'와 '왜'라는 질문에 근거해 도시 선교에서 '무엇'을 해야 할지를 결정하게 됩니다.

방법론의 중요성

방법론은 프로젝트가 흘러가는 논리를 뜻합니다. [16] 사람들은 방법론을 통해 세상과 하느님, 사람들의 믿음과 믿음을 실천하는 행동

---

14   Astley, 2002, p. l

15   Astley, 2002, pp. 25~34

16   Mason, 2002, p. 30

을 하나로 묶어 이해합니다. 이든 네트워크의 소그룹과 멘토링, 혹은 다른 활동에서 발견되는 것은 '무슨' 자원을 사용했느냐라는 질문보다, 그 자원들을 '어떻게', '왜' 사용했느냐라는 질문이 더 중요하게 여겨진다는 사실입니다. 이든 안에서 이뤄지는 변화는 특정 행동을 취하는 단순한 방식을 통해서가 아니라, 이든이 바라보는 목적에 도전이 되고 팀의 활동방식을 바꾸는 신학적, 사회적 이해의 변화에 근거해 있습니다.

제 연구는 이든 네트워크와 제가 참여했던 도시 사역에 근거해 있습니다. 이 경험들은 사역을 어떻게 실행할 것인가라는 질문에 의해 사역의 성과는 규정되며, 이 질문에 의해 사역이 담고 있는 변화의 잠재력을 확인할 수 있음을 발견하게 해주었습니다. '어떻게'는 우리 실천의 바탕이며 기조입니다. 알파코스가 생색만 내는 활동인지 진정한 우정을 맺는 활동인지, 공동체 카페가 약한 자들의 단순한 피난처인지 든든한 버팀목인지는 이 질문에 근거해 판단해야 합니다. 이제 변화의 중심 조건과 연관된 세 가지 방법론에 대해 정리해보려 합니다. 각각의 주제는 더 깊은 연구를 필요로 합니다. 저는 여기서 영적 변화를 가능하게 할 접근법을 독자들이 더 쉽게 이해하도록, 방법론적 '직감'을 제공하려 합니다.

의존성을 극복하기 –
권한부여 *empowerment* 가 아니라 의미를 생성하는 사역

의존성은 엄연한 삶의 현실입니다. 특히 주변부 공동체에서 자주 발견됩니다. [17] 앞서 변화의 중심 조건으로 변화 이야기에 대한 기대와, 이를 지지해주는 환경을 언급했었습니다. 그러나 저는 이든 팀을 경험하면서 의존성에 대한 숙고가 없다면, 관계 형성은 변화로 이어지지 않는다는 사실 또한 발견했습니다. 오히려 의존성에 대해 숙고하지 않는 일방적인 지지는 '적응하여 짜맞추기'를 초래하며, 도시 실천가들이 해결해야 할 방법론적 위험성을 자아내고 있었습니다.

법인이나 지역사회 단체에게 의존성은 '권한부여'와 연관된 단어라고 인식돼 왔습니다. [18] 그러나 저는 경험에 근거해 누군가에게 권한을 위임하는 것보다 스스로 '의미'를 깨닫도록 하는 것이 변화를 이끄는 일에서 매우 중요하다는 사실을 발견했습니다. 권한부여라는 방식은 세 가지 위험성으로 인해 유용성을 잃었다고 생각합니다. 먼저 개인주의 *individualism* 경향입니다. 권한은 개인적인 여정을 강조할 뿐 공동체를 돌아보지 못하게 합니다. 둘째, 권한의 언어는 매우 경쟁적이고, '지배하는 권한'을 연상시키며, 타인에 대해 협력하는 자세가 아니라 전투적인 자세를 갖게 합니다. [19] 셋째, 권한부여 방식은 통제할 수 없는 삶의 상황에 직면했을 때 혼란을 초래합니다. 의존성을 이겨내기 위해 권한을 부여했을 때, 실제로 참여자가 자신의 권한 없음, 권한이 의미 없어진 상황에 처했을 때는 큰 환멸을 느끼기 십상입니다. [20]

인격적인 '의미'를 발견하도록 돕는 것이 의존성에서 벗어나는 더

17   Green 1997, p. 118

18   Government Association, 2012

19   Walsh, 1995, p. 57

20   Paloutzian, 2005, p. 336

나은 길입니다. 브라이언 진바우어 *Brian Zinbauer* 와 케네스 파그맨트 *Kenneth Pafgament* 는 의미가 "돌봄과 끌림, 애착의 경험과 연관된 현상학적인 구성체"라고 설명했습니다. [21] 한 개인이 자신의 의미를 발견하면 자기 돌봄과 능력 발휘라는 지속적인 과정이 가능하게 됩니다.

진바우어와 파그맨트는 '의미'가 영성의 중대한 본질이라고 말합니다. 하느님과 이웃이 자신에게 의미있다는 사실을 깨닫는다면, 믿음은 성장의 동력이 될 수 있습니다. [22] 통제불능의 삶에 직면해서도 복원력을 유지할 수 있습니다. 압도적인 삶의 문제를 맞딱드려서도 의미는 우리를 수동적인 상태에 내버려두지 않고, 우리가 직접 반응하고 행동할 것을 요구합니다. 의미에 집중하면 의존성을 극복하고 진정성 있고 지속가능한 변화에 동참할 수 있습니다.

'머리 속의 벽' 극복하기 - 새로움으로 안내하는 사역

'머리 속의 벽'은 린지 핸리 *Linsey Hanley* 가 자신의 저서 『사유지』 *Estates* 에서 사용한 표현입니다.

(머리 속의) 벽은 밖에 무엇이 있는지를 모르도록 만든다. 밖에 있는 것은 자신의 삶과 완전히 무관하거나, 너무 복잡해서 이해하려 해도 머리에 담기지 않고 그대로 지나쳐 버릴 뿐이라고 믿는 것이다. [23]

옛것과 새것을 만나게 해야 할 필요성에 동감하며, 저는 '머리 속의

---

21 Zinbauer and Pargament, 2005, p. 33

22 Zinbauer and Pargament, 2005, p. 38

23 Hanley, 2007, p. 153

벽'이란 세상을 이해하지 못하는 자신의 능력에 의해 굳어버린 가정들로 구성되는 것이라고 생각합니다. 이를 극복하려면 우선 실천가들이 만나는 사람들의 능력에 대한 자신의 가정을 스스로 무너뜨려야 합니다. [24] 사역은 하느님과 이웃에게, '당신은 어디에 있나요?' *where are you?* 라고 질문하며 시작해야 합니다. 먼저 자신의 공동체가 알고 있는 바를 드러내고, 하느님께서 어디서 활동하고 계신지를 경청하며, 우리 사역이 '머리 속의 벽'을 강화하지 않도록 경계해야 합니다. [25]

둘째, '머리 속의 벽'을 극복하기 위해서 우리는 복잡성 *complexity* 의 문제를 다루어야 합니다. 신학은 복잡한 *complicated* 학문이라는 생각은 신학적 지식을 독점하려는 학계에 의해 공공연히 유지돼 왔습니다. [26] 복잡성을 그리스도교 신학의 본질인 것처럼 받아들여, 서구 중산층의 생각으로 경도된 학문의 장벽을 세워왔습니다. 이 입장을 가진 이들이 도시 혹은 활자가 없는 문화권에 성서 학습과 사역 자료를 적용하려 한다면, 단순히 성서 이야기에 친근해지는 수준의 성과만 거둘 수밖에 없습니다. 그리스도교 진리에 대한 우리 이해를 두 개의 축을 중심으로 새롭게 바라보자고 제안합니다. 하나의 축은 단순성에서 복잡성으로 나아가는 축이며, 또 다른 축은 피상성에서 깊이로 심화되는 축입니다.

변화를 가능하게 하는 접근법은 두 축에서 단순성과 깊이가 놓인 한쪽 끝에 자리잡을 것입니다. 예를 들어 자넷 리스 *Janet Lees* 의 '성서 기

---

24 Green, 1987, p.91

25 Green, 1987, p.91

26 Green, 2009, pp.1-7

억하기' 기술은 문해 능력이 어떻든지 상관없이 사람들이 함께 성서에 관해 탐구하며 삶의 진리를 발견할 수 있도록 돕습니다.[27] 이 방식은 그룹에 참여한 사람들이 성서의 사건을 자신들의 기억과 연결해 그들 자신만의 서사를 만들어나가도록 합니다. 이 과정을 통해 개인적인 해석과 의미가 드러나고, 각자의 경험을 공유하면서 다른 이의 도움을 받게 됩니다. 이러한 기술은 성서 사건을 단순히 이해하는 수준을 넘어서서, 정서적으로 공감되는 성서 인물을 생각하고, 상상과 경험을 통해 학습을 이어가며, 함께 하는 사람들을 통해 지금 여기서 말씀하시는 성령을 만나게 합니다.

침체기 극복 - 인성을 양육하는 사역

앞서 등장했던 수지가 "제가 어떤 사람인지를 발견하기 시작했고, 놀림과 따돌림을 당하지도 않았고, 심지어 친구가 생겼어요!"라고 표현했던 자아 인식, 그 인성을 양육하는 데 사역의 목적을 두어야 합니다. 사역자들은 이 과정의 촉진자들이 되어야 합니다. 로리 그린 *Laurie Green*은 '전문성 *expertise*'을 지니는 것과 '전문가 *expert*'가 되는 것을 분명히 구별합니다. 전자는 우리를 섬기는 사람으로 만들지만, 후자는 우리를 신분에 연연하는 사람으로 만듭니다.[28] 현장에서 '전문성을 갖춘다'는 말은 '다른 이가 참여할 수 있는 틈을 남겨두는 것'을 뜻합니다. 애슬리 *Astley*는 학습이란 "경험을 통해 생겨나고 지속하는 모든 변화"라고 규정합니다.[29] 참여 없이는 배움도 없습니다. 예전에 저는 이든

---

27   Lees, 2007

28   Green, 2009, p. 162

29   Astley, 2002, p.4

네트워크 중 피턴 힐 지역팀이 새로운 교회 운동을 시작한 것과 관련해 글을 쓴 적이 있습니다.

> 그 팀은 피턴 힐에 사는 아이들에게서 멘토링을 받았다. 아이들
> 은 팀원들에게 피턴 힐 주민들이 어떻게 살고 있는지, 어떻게 사
> 귀고 예배드리는지를 가르쳐주었다. [30]

지역 주민들이 단순히 받는 데서 멈추지 않고 자신들의 기술과 통찰을 사역자들에게 전해 주도록 안내하면, 그들은 미래에 어떻게 행동할지에 대한 중요한 준거를 마련하게 됩니다. 그렇게 그들의 인성, 인격이 성장하는 것입니다.

변화: 실천 가이드

이 장에서 저는 이든 네트워크의 도시 사역에서 변화의 언어가 보여준 능력과 유용성에 대해 말했습니다. 또한 변화의 중심 조건들을 열거했고, 영적 변화를 가능하게 하는 사역 방법론 몇 가지를 제시했습니다. 그리고 도시 실천가들을 위한 중요 이슈들을 정리했고 일상적인 방법론을 설명하기도 했습니다. 의미에 집중하며 의존성을 극복하기, 새로움을 통해 '머리 속의 벽'을 이겨내기, 인성을 양육해 침체를 극복하는 일에 관해 말했습니다. 이 모든 이야기는 직감에 근거해 있지만, 변화에 필요한 자원을 제공하리라고 저는 굳게 믿습니다.

변화가 담고 있는 넉넉함, 혹은 애매모호한 성격은 도시 주민들이 자신의 경험과 열망을 표현하는 데 유용할 수 있습니다. 저는 변화는

---

30 Thompson, 2010

의미체계에서 생기는 변화 과정이라는 점을 지적했습니다. 이 과정은 자아에 대한 강한 사랑을 얻고, 크고 작은 삶의 선택을 긍정하며, 행동 능력을 증대시키고, 하느님께서 이 세상에 관여하신다는 깨달음을 줍니다. 제가 도시 공동체 사역을 통해 궁극적으로 주장하려는 바는, 우리가 '어떻게' 실천하는가에 주의를 기울이면 변화는 반드시 일어난다는 것입니다.

참고자료

Astley, J., 2002, Ordinary Theology: Looking, Listening and Learning in Theology, Aldershot: Ashgate.

Bailey, G., 2010, 'Entire Sanctification and Theological Mothod', in T. Greggs (ed.), New Perspectives for Evangelical Theology, London: Routeledge, pp. 63-74.

Bebbington, D.W., 1989. Evangelicalism in Modern Britain, London: Unwin Hyman,

Bosch, D.J., 2011, Transforming Mission: Paradigm Shifts in Theology of Mission, Maryknoll, NY: Orbis Books.

Freire P. 1996, Pedagogy of the Oppressed, London: Penguin.

Gerkin, C.V., 1997. An Introductin to Pastoral Care, Nashville, TN: Abingdon Press.

Green, L., 1987, Power to the Powerless, Basingstoke: Marxhall Pickering.

Green, L., 1995, 'Blowing Bubbles: Poplar', in P.Sedgewick (ed.), God in the City, London: Mowbray, pp. 72-91.

Green, L., 1997, 'Gospel from the Underclass', in C. Rowland and J.J.Vincent (eds.), Gospel from the City, Sheffield: Urban Theology Unit, pp. 117-25.

Green, L., 2009, Let's Do Theology: Resources for Contextual Theology, London:Mowbray.

Hanley, L. 2007, Estates:An Intimate History, London: Granta Books.

Lees, J., 2007, Word of Mouth: Using the Remembered Bible for Building Community, Glasgow: Wild Goose Publication.Local Government Association, 2012, Benefits of Investing in Community Empowerment, available at Http://www.local.gov.uk/localism-act/-/journal_content/56/10180/3510417/ARTICLE (Accessed 16 January 2014).

Mason, J., 2002 Qualitative Researching, 2nd edn, London: Sage

Morisy, A., 2004, Journeying Out: A New Approach to Christian Mission, London: Continuum.

Paloutizian, R.F., 2005, 'Religious Conversion and Spiritual Transformation: A Meaning-System Analysis', in R.F.Paloutzian and C.L. Park (eds), Handbook of the Psychology of Religion and Spirituality, London:Guildford Press, pp. 331-47.

Pattison, S. and J. Swinton, 2010, 'Moving Beyond Clarity: Towards a Thin, Vague, and Useful Understanding of Spirituality in Nursin gCare', Nursing Philosophy, 11.4, pp. 226-37.

Silvoso, E. 1994, Than Non Should Perish, Ventura: Regal Books.

Thompson, A., 2010, 'Eden Fitton Hill: Demonstrating and Becoming in Oldham', in A. Davey (ed.), Crossover City: Resources for Urban Mission and Transformation, London: Mowbray, pp. 120-4.

Thompson, A., 2012, 'Holy Sofas: Transformational Encounters between Evangelical Christians and Post-Christendom Urban Communities', Practical Theology 5.1, pp. 47-64.

Walsh, M., 1995, 'Here's Hoping; The Hope Community Wolverhampton', in P. Sedgewick (ed.) God in the City, London: Mowbray, pp. 52-71.

Wilson, M. 2012, Concrete Faith, Manchester: Message Publications.

Zinnbauer, B.J. and K.I. Pargament, 2005, 'Religiousness and Sprituality', in R.F.Paloutzian and C.L. Park (eds), Handbood of the Psychology of Religion and Spirituality, London: Guilford Press, pp. 21-42.

3장.
기다림에 참여하기

짐 바커 *Jim Barker*

학습공동체로서 파이오니어의 실천과 발달

우리는 의미있는 배움이 동료들과 함께 참여하는 만남에서 일어난다는 것을 점차 깨달았습니다. 더불어 형식적이고 구조화된 학위과정, (정보화 기술 같은) 기술훈련, 신학교육은 일상적이고 덜 형식적인 동료들과의 상호작용에 견주어 보면 교육 효과가 미미하다는 것 또한 알게 됐습니다. 이는 충격적인 폭로가 아닙니다. 이미 여러 글에서 논의됐던 이야기들입니다. 데이비드 보우드 *David Boud* 와 헤더 미들턴 *Heather Middleton* 은 이러한 주장을 뒷받침하는 연구를 시작한 이들입니다. 저는 이들의 주장이 파이어니어들의 학습과정과 환경에 어떤 영향을 미치게 될지 살펴보려 합니다.

지금까지 파이어니어 실천을 개발하기 위해 몇 가지 시도가 이어져 왔습니다. 기존 신학교에서 개발된 방법부터, 참여자가 파이어니어가 처한 상황, 그리고 그 속에서 파이어니어들이 펼쳤던 실천에 적극적으로 참여하기를 요구하는 CMS의 파이어니어 지도자 양성과정 등이 대표적인 사례입니다. 소수의 사례를 제외하고는 대부분 교회 안에서 이뤄지던 학습모델은 교훈적이고 교사 중심적이며, 추론 과정의 변화를 목표하는 인지 중심적인 특성을 보여줍니다. 교육과정의 초점은 개인, 개인의 인식 변화에 맞춰져 있었습니다. 대부분의 과정은 이 특징을 유지하며, 대체로 유사한 모습을 보여줍니다.

이에 비해 사회적 학습은 다양한 양상을 보입니다. 네트워크 학습 [1], 사회적 학습 [2], 학습공동체 [3] 등 다양한 형태가 존재합니다. 저는 이 중에서도 영국의 파이어니어 공동체를 잘 설명해주는 학습공동체 이론을 택해 파이어니어 교육에 대해 생각해보려 합니다.

'학습공동체' *community of practice* 란 무엇인가?

'학습공동체'는 진 레이브 *Jean Lave* 와 에티엔 웬저 *Etienne Wenger* 의 '상황학습이론' *legitimate peripheral participation* 연구에서 처음 제기됐습니다. 그들은 학습공동체를 하나의 교육학적 개념으로 축소하기보다 "다양한 형태의 사회적 학습을 바라보고 연구할 수 있는 관점"이라고 설명했습니다.

대부분의 사람들은 도제 관계 *apprenticeship* 를 사회적 학습 형태의 대표라고 여길 것입니다. 그리고 학습공동체는 도제 과정이 확장된 것이라 여길 수 있습니다. 그러나 저는 이 생각에 반대합니다. 도제 과정은 교육방법이 이미 결정돼 있어 사회적 학습 경험이 제공하는 넓이와 깊이를 담아내지 못하기 때문입니다. 상황학습이론은 사람들이 단순한 사회적 상호작용을 통해 배우는 것이 아니라, 여러 단계로 이

---

1   Steeples 와 Jones, 2002

2   Bandura, 1977

3   Lave 와 Wenger, 1991

루어진 사회적 참여를 통해 배워 나간다고 설명합니다. 레이브와 웬저는 상황학습이론의 일차적 공간은 특정 상황에 처한 학습공동체라고 주장합니다.

> 요약하자면, 배움은 다른 이의 행위를 따라하거나 강의를 통해 전달받은 지식을 습득하는 것이라기보다는, 자신을 둘러싼 공동체의 학습 과정에 참여함으로써 일어나는 것이다. [4]

배움이 일어나는 일차적 공간이 학습공동체라는 이들의 생각은 학계에 재빨리 수용됐지만, 레이브와 웬저의 후속 작업 속도는 더뎠습니다. 1991년의 첫 작업 이후에 학습공동체의 특성과 구성요소, 그리고 실천을 다룬 웬저의 논문이 1998년에야 비로소 제출됐습니다. 그는 논문에서 간결하고 포괄적으로 학습공동체를 정의합니다.

> 학습공동체란 어떤 주제에 관한 관심과 문제점, 열정을 공유하며 지속적인 상호작용을 통해 그 분야의 지식과 전문성을 깊게 하는 사람들의 집단이다. [5]

학습공동체와 사회적 학습

'배움'이 연구 분야로 인정받은 이후, '배움'에 관한 연구 대부분은 심리학에서 이뤄졌습니다. 실천은 충실한 이론적 바탕 위에서 이뤄져야 한다고 생각하고, 구체적인 실천보다는 추상적인 이론을 우위에 두기를 선호하는 사람들은 이 현상이 옳다고 생각할 것입니다. 그러나 이 생각에 모두 동의한 것은 아닙니다. 학습공동체 이론은 실천보다 이

---

4   Lave and Weger, 1991, p. 100

5   Wenger et al., 2000, p. 4

론을 우선시하는 패러다임에 대한 불만에서 출발했기 때문입니다. [6]

학습공동체 이론은 배움이 개인적인 인지 과정이 아니라, 사회적 참여에 의해 구성된다고 이해합니다.

배움을 주어진 상황에서 구체화되는 하나의 활동이라고 이해하는 데서 벗어나, 모든 활동이 빚어내는 사회적 실천 *social practice* 이 곧 배움이라고 생각해야 한다. [7]

이 주장은 일상적인 실천을 떠나 가르침을 받고, 다시 가르침을 일상으로 가져와야 한다는 기존의 생각을 뒤집고 있습니다.

학습공동체는 사회화를 통한 학습이론이라고 말하면 간단하게 요약되지만, 웬저는 사회화 과정인 배움이 공동체와 의미, 정체성과 실천이라는 네 개의 지점이 만나는 접점에서 일어난다고 덧붙이면서 그 깊이를 더했습니다. 아래 [그림 1]을 통해 웬저는 네 요소가 어떻게 사회적 학습을 구성하는지 보여주고,, 학습공동체의 강점이 요소들을 통합하고 어느 한 요소에 특권을 부여하지 않으면서 각 요소들이 가진 힘의 균형을 이루는 데 있다고 주장했습니다. 그는 참여를 통한 배움은 네 요소 사이의 긴장을 불러일으킨다고 말합니다. 개인과 공동체의 정체성 사이, 개인의 실천 경험과 집단의 실천 경험 사이에 존재하는 긴장이 배움을 불러일으킨다는 것입니다. 이 과정에서 '대립'은 일어나지 않습니다. 오히려 아래 그림이 보여주듯 네 요소들은 철저하고 끈질기게 '협상' *negotiation* 하며 배움이 자라나게 합니다.

---

6   Hughes et al. (eds); Engestrom, 1987; Marsick and Watkins, 1990; and Nicolini and Meznar, 1995.

7   Lave and Wenger, 1991, pp. 37-8

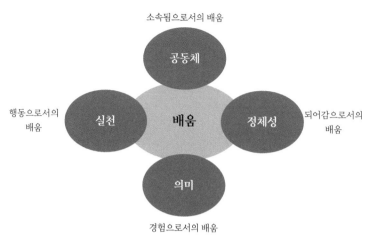

소속됨으로서의 배움

공동체

행동으로서의
배움

실천

배움

정체성

되어감으로서의
배움

의미

경험으로서의 배움

[그림1] 웬저의 사회적 학습이론 모형 [8]

우리가 참여하는 학습공동체를 점검해 볼 수 있게 웬저는 학습공동체가 드러내는 지표를 아래 [표 1]과 같이 정리했습니다.

- 지속적인 상호 관계(조화 혹은 갈등)가 이뤄진다.

- 함께 참여해 실천하는 공통의 방법을 가진다.

- 정보의 흐름이 빠르고, 혁신을 빠르게 보급한다.

- 새로운 대화가 지난 번 대화 과정의 연속이듯, 서론이 필요치 않다.

- 토론할 문제를 신속하게 설정한다.

- 새롭게 공동체에 참여하는 이에 대한 설명에는 일관성, 상당한 중복성이 존재한다.

---

8   Wenger, 1998, p. 5.

- 다른 사람이 무엇을 알고 있는지, 무엇을 할 수 있는지, 어떤 과업에 기여 할 수 있는지를 알고 있다.

- 함께 정체성을 정립한다.

- 행위와 결과물에 대한 적절성을 평가하려 노력한다.

- 구체적인 도구와 표현, 자료들을 갖고 있다.

- 지역과 공동의 이야기, 농담, 내부 용어, 간결한 대화방식뿐 아니라 새로운 소통 방식을 쉽게 만들어낸다.

- 공동체에 소속돼 있음을 드러내는 특정 형식이 있다.

- 특정 세계관을 반영하는 담론을 공유한다.

[표 1] 학습공동체의 지표

우리는 자신이 소속되어 있는 공동체가 이 특성을 보이는지 확인해 볼 수 있습니다. 성직자, 회계사, 건축가, 디자이너, 요리사, 강사, 청소부, 후원전문가, 지도자 양성가 등 직업에 상관없이 이 지표는 모든 공동체에 적용됩니다.

학습공동체의 발달

저는 학습공동체가 어떻게 발달하는지, 이 공동체가 맞이하게 될 위기는 무엇인지에 관해 탐구해 왔습니다. 그러던 중 웬저의 생각에 충격을 받았습니다.

배움은 디자인하는 것이 아니다. 배움은 궁극적으로 경험과 실

천 영역에 속한다. 배움은 의미에 대한 협상이 이뤄진 뒤에 생겨
난다. 배움은 나름의 조건 안에서 움직인다. 빈틈을 통과해 빠져
나가고, 스스로 빈틈을 만들어내기도 한다. 디자인되었든 되지
않았든 상관없이 배움은 일어난다. [9]

웬저와 연구자들은 학습공동체의 발달에 매개자가 등장할 수 있다
고 주장하며, 학습공동체가 거치는 성장과 발달의 다섯 단계를 제시
했습니다 [10]. 잠재성과 집합성, 성숙과 청지기, 변혁이 다섯 단계의 내
용입니다. 웬저와 연구자들은 "이 단계들을 통과하면서 공동체는 초
점과 관계, 실천에서 변화를 겪는다"고 말했습니다 [11]. 학습공동체는
그들이 설정한 초점을 중심으로 움직이고, 서로가 나눈 성찰과 생각
을 공유하면서 단순한 실천에서 더 정교한 형태로 서로의 관계를 발
전시키고 서로를 이해하는 쪽으로 나아갑니다. 저는 이 과정이 파이
어니어 학습공동체에서는 어떻게 적용되는지, 파이어니어 학습공동
체는 어떻게 발달하고 어떤 도전에 직면하게 되는지를 살펴볼 것입
니다.

연구 참여자들

스스로 파이어니어라고 생각하는 사람들 11명을 선발해 인터뷰를
진행했습니다. 4명의 여성과 7명의 남성, 5명의 성직자와 6명의 평신
도, 6명의 풀타임 근무자와 4명의 파트타임 근무자, 1명의 무급 자원

---

9   Wenger, 1998, p. 225

10   Wenger et al. 2000.

11   Wenger et al., 2000, p 111

봉사자로 대상은 구성되었습니다.

인터뷰는 3~4개 부분으로 나뉘어 진행됐습니다.

1. 이 일과 공동체에 참여한 사연은 무엇인가?
2. 지금 하는 일에 대해 어떻게 '배웠나'?
3. 자신에게 배움이란 무엇을 의미하는가?
4. 자신이 속한 공동체라는 '주어진 상황'에서 참여와 배움은 어떻게 일어나는가?

인터뷰를 통해 얻은 데이터 외에도, 그들이 속한 학습공동체로부터 여러 데이터를 얻을 수 있었습니다. 마침 학습공동체가 시작되던 시기에 맞춰 연구가 이뤄진 덕분이었습니다. 상당수 공동체 구성원들이 작가, 블로거, 연설가였는데 그들은 소중한 자료들을 건네 주었습니다.

직접 인용할 때 응답자의 익명성을 보장하기 위해 가명을 사용했습니다.

무엇이 드러났는가?

데이터를 분석하는 과정에서 다섯 개 주제가 떠올랐습니다. 이 주제들은 학습공동체가 가진 문헌과 이론, 파이어니어 그룹이 경험한 실천 사이에서 나타나는 유의미한 요소입니다. 주제는 이와 같습니다.

- 우리에게 '파이어니어'란 무엇을 뜻하는가?
- 다채로운 실천을 행하는 다양한 학습공동체
- 여러 실천
- 구체화 *reification* 의 여러 과정

● 딥러닝 *Deep learning*, 경험을 통한 학습

우리에게 '파이어니어'란 무엇을 뜻하는가?

거의 모든 인터뷰에서 "우리에게 파이어니어란 무엇을 뜻하는가"라는 질문을 만났다는 것은 크게 놀랄 일이 아니었습니다. 이 질문은 처음 나타났을 때부터 질문의 의미에 대한 여러 물음이 이어져 왔습니다. 파이어니어란 무엇을 뜻하는지, 어떤 사람을 파이어니어로 인정할 수 있는지, 파이어니어를 표현하는 특정 실천이 존재하는지에 대한 질문이 이어졌습니다. 모호성은 어떤 측면에서는 큰 도움이 되었습니다. 그룹이나 공동체가 자신들이 생각하는 의미를 스스로 결정하도록 이끌었기 때문입니다. 그러나 한편으로는 질문 자체가 장애가 되기도 했습니다. 베일리는 제가 인터뷰했던 많은 사람들이 공통적으로 "우리 모두 파이어니어 아닌가요?"라는 질문을 던졌다고 알려주었습니다.

용어의 모호성이 그룹의 행동방식에 영향을 미치기 시작하는 대목이 바로 여기입니다. 만약 "우리 모두가 파이어니어"라면, 그룹 구성원들에게서 공통으로 나타나는 특징은 무엇이며, 새롭게 구성원으로 참여하는 이들은 어떤 특징과 지표를 기준 삼아, 어떤 방식으로 이 활동에 동참할 수 있을까요? 베일리는 흥미롭게도 이렇게 말했습니다.

"그래서 저는 이 용어가 무엇을 의미하는지 엄밀하게 살펴볼 필요가 있다고 생각해요. 더 깊이 들여다 보면 용어가 정확해질 거예요. 그렇지만 더 분명하게 말의 뜻을 알게 된다고 해서 우리가 더 나은 파이어니어, 더 나은 실천가가 된다고는 생각하지 않

아요."

그의 말대로 우리가 파이어니어 사역에 더 깊이 참여하려면 파이어니어 개념을 더 분명하게 정의 내릴 필요가 있습니다. 그러나 분명하게 파이어니어를 정의 내린다 해도 그 고민이 우리를 더 나은 파이어니어, 또는 실천가로 만들어주지 못한다는 그의 주장에는 동의하지 않습니다. 레이브와 웬저는 학습공동체 참여 과정의 일환으로 행해지는 '말하는 법을 배우기'가 매우 중요하다고 지적했습니다. 만약 연구 대상자 그룹이 자신들의 '실천을 정의할 표현'을 찾아내지 못한다면, 활동에 참여하려는 다른 이들에게 자신들의 활동이 어떤 것인지 표현하지 못하게 될 것입니다.

대상자 그룹이 학습공동체인지 아닌지를 파악하기 위해 저는 [표 I], 웬저의 목록을 사용했습니다. 웬저의 목록을 5명의 인터뷰 참여자에게 보여주고 웬저가 말한 학습공동체의 특징이 자신의 그룹에서도 나타나는지 물었습니다. 대다수는 목록에 적힌 속성과 행동이 그룹 안에서 나타난다고 말했습니다. 사람에 따라 긍정의 강도에는 차이가 있었습니다. 알렉스는 가장 분명하게 웬저의 목록을 긍정했던 대상자였습니다.

"거기에 다 있어요. … 아주 많이요. 정말 끔찍하게도 이 종이 한 장이 우리를 그대로 설명해주네요."

참여자들은 '파이어니어 지도자 네트워크' *network of pioneer leader* 를 학습공동체로 수월하게 인정했지만, 인터뷰 과정에서 "어느 공동체를 생각하며 대답하고 있는지" 식별해야 했습니다. 대화를 통해 알게 된 사실은, 자신들을 '상황적 실천가'^{contextual pioneer} 라고 지칭한 그룹 외에도 다양한 여러 공동체가 제시되고 논의됐다는 점입니다. 그들은 다양한 그룹에 동시에 속해 있었고, 그 그룹들 중에 독립적으로, 다른 조직과 어떤 연결도 없이 존재했던 그룹은 거의 없었기 때문입니다. 대부분은 다양한 그룹의 집합체였습니다. 비공식 연맹과도 같았습니다. 대부분의 조직은 다양한 학습공동체의 집합체로 이루어집니다. 교회도 마찬가지입니다. 참여자들은 파이어니어라고 지칭한 사람들의 그룹 안에서도 다양한 학습공동체가 존재한다는 사실을 확인시켜 주었습니다. 그들이 '상황적 실천가'라고 부른 그룹도 그 중 하나였습니다. 하이든이 말했듯 "모든 것은 어떤 방향으로 나아가면서 다양한 캠프"를 만들어냈습니다. 웬저와 연구자들은 "학습공동체가 그들의 영역에 집중하고 전문성의 깊이를 더할수록 어쩔 수 없이 경계선을 만든다. 이는 그들이 공유하는 집중성과 친밀성, 역량이 가져오는 자연스러운 현상이다"라고 말했습니다 [12]. 이 말은 연구를 진행하는 데 큰 도움이 되었습니다.

다양한 실천

"어느 공동체를 떠올리며 대답하고 있는가"라는 질문 외에도, 참여자들은 세부적인 여러 질문을 받았습니다. 알렉스는 이 질문들에 "이런 종류의 일에 관련된 네트워크 전체를 말해드려야 하나요? 아니면 함께 활동하는 현장 사람들을 떠올려야 하나요?"라고 질문하며, 우리가 궁금해하는 것을 잘 정리해줬습니다.

---

12 2000, p. 150

우리가 던지는 질문은 알렉스의 말처럼 두 가지 층위를 모두 포함하고 있습니다. '현장'은 '공동체'를 유지하게 하는 동시에, '공동체'는 '현장'에 무엇인가를 전달합니다. 네트워크는 어떤 방식으로든 서로 연결돼 있는 사람들의 관계망을 의미합니다. 웬저와 연구자들은 전 세계적으로 구성된 학습공동체가 무엇을 하는지 설명한 바 있습니다. 이 공동체는 국경을 넘어선 공동체로 존재하면서, 지리적인 한계로 인해 친밀감이 부족한 국경 안 공동체와는 전혀 다른 특징을 드러냅니다.

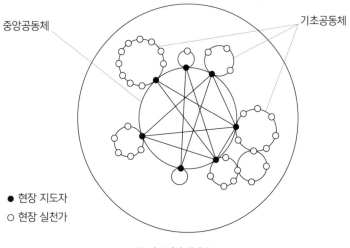

중앙공동체　　　　　　　　　　　　　　　　　　기초공동체

● 현장 지도자
○ 현장 실천가

[그림2] 실천 체계 [13]

이 학습공동체 내부에서 일어나는 배움 활동에는 두 가지 '층'이 분명히 드러납니다. 한 층에는 '기초 공동체' *base community*, 즉 현장에 있는 학습공동체의 활동이 있습니다. 사람들은 여기서 지역 현장 실천에 관여합니다. 또 다른 층에는 '중앙 공동체' *prime community* 가 있습니다. 중

13　R. McDermott와 J. Jackson, 'Designing Global Communities', Wenger et al., 2000.

앙 공동체는 전체 공동체를 '유지합니다'. 이 단위는 흩어진 현장 공동체들이 큰 맥락에 편입되도록 초점을 맞추고, 공동체의 특징을 분명히 표현합니다. 알렉스는 이렇게 말했습니다.

"널리 흩어진 전체 그룹이 하나 있어요. 하나의 학습공동체로서 지역사회 공동체를 탐색하는 게 더 쉬워요. 그러나 저는 흩어진 관계와 연결을 통해서도 같은 동력을 얻어요. 둘 중 하나를 선택할 수는 없어요. 현장 실천은 더 넓은 관계를 통해 만들어지고 자라나거든요."

이 지점에서 저는 이 그룹의 특징이 '상황적 파이어니어'라는 점을 강조하려 합니다. 그룹이 상황적이란 말은 무슨 뜻인지 살펴봅시다. 제임스 비엘로 *James Bielo* 의 말을 빌려 레슬리 뉴비긴 *Lesslie Newbigin* 은 이렇게 말했습니다.

그리스도인들은 모두 선교사다. 서구사회에서 성공적인 선교란 그곳이 어디인지, 얼마나 익숙한지와는 상관없이 선교현장의 언어와 문화를 배우는 일을 뜻한다.

이는 웬저와 연구자들이 전 세계적인 학습공동체가 국내 문화와는 상이한 규범을 가지고 있다고 말한 바와는 미묘하면서도 의미심장하게 다른 뜻을 담고 있습니다. 웬저와 연구자들은 학습공동체의 구조와 형식, 과정은 문화에 민감하게 반응해야 한다고 주장하는 반면, 뉴비긴은 현장 실천의 본성 자체가 문화와 맞아떨어져야 한다고 주장하는 것입니다. 상황적 파이어니어 학습공동체에게 이 주장은 각 기초 공동체의 실천이 상황에 따라 모양을 달리 갖추고 형성되어야 함을 뜻합니다. 그러므로 전 세계적인 학습공동체를 형성시키는 실천과 과업은 세계 수준에서나 국내 수준에서나 동일한 반면, 전 세계에 있는 '기초 공동체' 각각의 실천과 과업은 상황에 따라 분명하게 달라집니다.

그러나 이것이 다양한 기초 공동체들 사이에 공통점이 없음을 의미하는 것은 아닙니다. 기초 공동체들은 멀리서 보면 더 넓은 문화적 맥락 안에 위치해 있습니다. 이들은 새로운 수도원 운동, 정신 *Mind* •몸 *Body* •영 *Spirit* 공동체, 자연중심 영성 등 다양한 관심분야를 갖고 있습니다. 각각의 공동체는 기초 공동체의 실천에 어떠한 방식으로든 '색깔을 입히고', 중앙 공동체와의 대화를 형성해 갑니다.

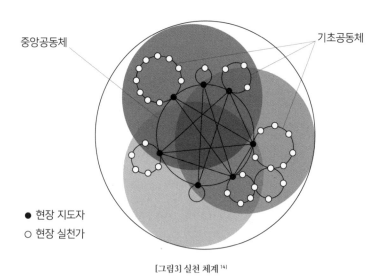

[그림3] 실천 체계 [14]

14   R. McDermott와 J. Jackson, 'Designing Global Communities', Wenger et al., 2000.

구체화 *Reinfication* 의 도전

학습공동체가 두 가지 차원을 가지고 있다는 사실은 상황적 파이어 니어 학습공동체가 어떻게 스스로를 이해하고 과업에 참여할지에 대한 도전을 제기합니다. 웬저는 사람들이 활동에 참여하고 활동에 의미를 부여하기 위해서는 두 가지 과정, '구체화'와 '참여' 과정을 거쳐야 한다고 말했습니다. '구체화'란 그룹 안에 명시적으로 드러나지 않지만 분명히 존재하는 계약을 의미합니다. 구성원들 사이의 계약은 공동 활동을 촉진할 뿐만 아니라 '우리가 하는 일이란 무엇인가'에 대해 대화하고 그 일에 착수하게 하는 기반이 됩니다. 우리 각자는 매일 구체화된 활동에 참여합니다. 우리는 교회에서 구체화된 과정을 통해 예전이라 부르는 예배에 참여합니다. 교회의 예전은 노래하며 참여하는 예배, 혹은 긴 회중찬송 후에 다양한 순서가 등장하는 카리스마적인 예배 등 다양합니다. 피정에 참여하면 우리는 아이오나 공동체, 프랑스 떼제 공동체, 데번의 리 애비 공동체 등 서로 다른 공동체 생활리듬에 따라 살아갑니다. 그 공동체가 가치 있다고 결정하고, 그들이 실천하는 구체화된 활동에 참여하는 것입니다. 즉 어떤 형태라도 구체화 없는 집단 활동에 참여하기란 불가능합니다.

구체화된 활동이 도전받지 않고 변하지도 않는 상태로 남는다는 뜻은 아닙니다. 오히려 정반대로 구체화가 의미를 가지려면 끊임없이 협상하고 변화해야 합니다. 이를 통해 활동은 변질되지 않고, 협력하려는 노력을 이어가게 됩니다.

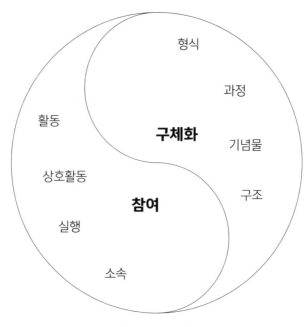

[그림 4] 구체화의 과정 [15]

구체화는 기초 공동체나 중앙 공동체 모두에게 문제거리입니다. 세이지는 기초 공동체의 구체화 문제에 대해 이렇게 말했습니다.

"우리는 생각을 바꾸거나 전달하려는 게 아니라, 그 공동체 안으로 성육신하려 해요. 공동체의 주인은 우리고, 우리는 그 공동체를 통해 배워요. 우리는 그들 안에, 그들을 통해 드러나는 하느님 이야기를 발견하고 협력하며 그 공동체를 살아있게 해요."

세이지가 말하는 모델은 알파코스 모델과는 대조됩니다. 알파코스는 '방법'을 설명하는 안내와 엄격한 규칙을 중앙 조직이 보급해 어떤 교회라도 참여만 한다면 알파코스를 진행할 수 있도록 돕습니다. 그

15 Wenger, 1998, p.63

인기는 대단했지만 그것을 지역 상황에 맞춘 선교라 부르기는 어려웠습니다. 그러나 분명히 정리된, 즉 구체화된 과정을 가지고 있어서 누구라도 알파코스를 선택하기만 하면 운영할 수 있도록 해준다는 점에 강점이 있습니다.

이는 기초 공동체가 지향하는 상황적 선교에 도전합니다. 세이지는 이렇게 설명했습니다.

"만약 당신이 '뭘 해야 하는지 알려주는' 구체적인 용어를 통해 배우는 사람이라면 그 과정을 빠르게 배울 수 있을 거예요. 그러나 파이어니어가 되려면 경험을 통해 배우고 실천하며 배워야 해요. 만약 우리가 먼저 무엇을, 어떻게 해야 하는지 배워야 하는 사람이라면, 이 길을 가지 않았을 거에요."

이제 기초 공동체는 구체화 과정이라는 멀고도 험한 여정을 걷게 됩니다.

상황적 구체화가 직면하는 또 다른 도전은 엘비스 코스텔로 ^{Elvis} ^{Costello}의 말을 빌리자면, '원죄 같은 것이 없다'는 점입니다. 누구나 과거 경험을 가지고 있으며, 기대하는 것이 있습니다. 알렉스는 이렇게 말했습니다.

"무엇에 대해 백지상태라고 말하는 것은 재밌죠. 처음 공동체를 시작했을 때(알렉스는 최근 이 공동체를 떠났다), 나는 백지상태로 시작했어요. 지금은 여기서 옛날 그 사람에 대한 기억을 가지고 일해요. 수많은 기억을 담은 백지상태인 거죠."

웬저가 말하듯 이는 놀라운 일이 아닙니다. 학습공동체는 결국 사람과 활동, 세상 사이에 있는 관계 체계이고, 시간이 흐르면 '관련되고 중복되는 다른 학습공동체와 관계 맺으며 발전'하기 때문입니다[16]. 이러한 과정은 우리가 하나의 맥락에서 학습한 실천을 다른 맥락으로 이동시키는데, 그 이동은 상당히 무의식적으로 일어남을 의미합니다. 바로 이 과정이 세이지에게도 일어났습니다. 그는 말했습니다.

> "'교회'라는 단어가 주는 규범적인 생활을 넘어서는 무언가를 시도할 때 … 자신이 독성 가득한 환경에 있었다는 것을 깨닫게 될 거에요. 내 경험으로는 어떤 환경에 있었느냐에 따라 1년, 3년, 또는 5년간 그 경험의 '독성을 빼는' 시간이 필요했어요. 어떤 사람들은 쉽게 해독할 수 있어요. 그 차이를 만드는 요인은 다양하죠."

세이지가 여기서 말하는 '해독'은 학습되거나 구체화된 교회의 습관과 행동, 그들이 대면했던 난해한 공동체 경험과 피할 수 없었던 실망감과도 연결돼 있습니다.

그래서 구체화 과정은 상황적 파이어니어 학습공동체 발달에 도전이 됩니다. 기초(지역사회) 수준과 중앙 수준 모두 마찬가지입니다. 그러나 토마스 바인더 *Thomas Binder* 가 지적했듯이 구체화 과정은 공동체 형성에 중대한 영향을 미치며, 이를 어떻게 겪어내는 지는 매우 중요한 문제입니다.

참여자 이블리는 이를 잘 요약했습니다.

> "최상의 상황적인 파이어니어가 구체화 과정에서 발전하기에는

---

16   Lave and Wenger, 1991

아직 너무 일러요. … 반면에 상황적 선교를 손상시키며 이를 발
전시킨 사람들은 있어요.”

그녀는 계속해서 말했습니다.

“(내가 잘 아는) 강력한 기초 공동체 사람들은 긴장하지 않아요.
자신들이 처한 상황에서 교회가 어떤 모습이어야 하는지 누군
가 결정해줄 것이라 믿기 때문이죠.”

“교회가 어떤 모습이어야 하는지 … 결정”하는 과정과 구체화 과정
은 상황적 파이어니어 공동체에게는 매우 힘들고 모호한 과정입니다.
이를 세우기 위해서는 시간이 필요합니다.

제 주장이 맞다면 이는 중앙 공동체 수준에서 맞게 될 구체화의 도
전을 배가시킵니다. 학습공동체는 그들이 반추하는 문제와 상황에 관
해 높은 수준의 일치를 이루게 되겠지만, 그들의 ‘공통 실천’이 나아가
려는 곳이 어디인지는 여전히 분명하지 않습니다. 이러한 상황은 중
앙 수준의 구체화가 이뤄지지 않았음을 의미합니다. 각각의 기초 공
동체가 알파코스처럼 동일한 중심 활동을 수행했다면, 중앙 수준에
서 구체화된 과정을 세우고 이에 참여하기가 수월했을 것입니다. 최
소한 기초 공동체 수준에서 ‘모두가 동일한 과정을 수행하기’ 때문입
니다. 그러나 학습공동체의 경우 기초 공동체 수준에서 일어나는 상
황은 기초 공동체의 맥락에 의존해 형성됐기 때문에 알파코스의 경우
와는 분명히 다릅니다.

딥 러닝 *deep learning* , 경험을 통한 학습

구체화, 참여 과정과 실행을 레이브는 '복합적인 지적기술' *complex knowledgeable skill* 이라고 표현했습니다. 레이브는 우리가 이를 이해하고 배우며 참여하는 방법에 대해 말했습니다.

> 후기 자본주의 시대에 복합적인 지적기술의 수요는 가장 높지만, 깊은 지식이 널리, 충분하게 보급되지는 않고 있다. [17]

복합적인 지적기술을 배우는 데 기초 공동체가 어떻게 저항하는지 세이지는 설명했습니다.

> "소비자 문화는 소위 책임감과 참여의식이라는 것을 해이하게 만들었다고 생각해요. 내가 보기에 이 현상은 교회에서도 나타나요. 개인화된 소비자들이 교회에 대해 생각할 때 공동체를 위해서는 고민하지 않아요. … 그래서 우리는 우리 안에서, 우리 재능에 맞춰 시작해보자고 했어요. 돌아가면서 역할을 맡고 어느 정도 시간을 보내는 거죠. 이런 경험을 통해 우리는 우리 자신이 누구인지 알게 됐어요."

경험을 통해 걷는 이 여정은 상황적 파이어니어나 공동체 구성원들에게 낯설지 않습니다. 학습공동체의 생활, 실천, 발달을 위해서는 구성원이 누구인가도 중요하지만, 파이어니어 사역자들의 과업을 복합적인 지적기술로 이해하고 '딥 러닝'을 이루려고 노력하는 게 중요하다는 사실을 인정해야 합니다. 단순히 다른 사람의 활동을 반복하는 게 아니라, 그보다 훨씬 더 노력을 필요로 하는 기술을 터득해야 합니

17　Lave, 1991, p. 65

다. 이 여정에서 동력으로 작용하는 것은 기초 공동체와 중앙 공동체가 복합적인 기술의 실천 경험을 서로 나누는 것입니다.

그러나 중앙 공동체가 자신의 발전(내적 협력과 공조, 활성화)에만 전념하는 공동체라면 기초적인 실천에 태만하게 될 위험이 큽니다. 더욱 큰 위험은 중앙 수준에서 공동체 전체의 학습을 추진할 뿐, 기초 공동체의 발견과 경험을 중시하지 않는 데서 발생합니다.

제안

앞서 살폈듯 웬저와 연구자들은 학습공동체가 잠재성, 집합성, 성숙, 청지기, 변혁의 다섯 단계를 거쳐 발달한다고 주장했습니다. 저는 상황적 파이어니어 학습공동체가 두 번째 단계, 집합성 단계에 서 있다고 생각합니다. 여기서는 도전에 대응하며 학습공동체가 성숙, 청지기, 변혁의 단계로 나아가기 위해 파이어니어들은 무엇을 할 수 있으며, 그들을 지원하는 이들은 무엇을 할 수 있을지 살펴보려 합니다. 이를 위해 특별히 관심을 쏟아야 할 네 가지 행동을 제안하려 합니다.

● 그들이 누구인지 이름을 불러줍니다.

앞서 저는 '파이어니어'라는 용어를 둘러싼 모호성을 언급했습니다. 잠재성과 집합성 단계에서 이 모호성을 피할 수 없겠지만, 우리는 서서히 드러나는 상황적 파이어니어 학습공동체를 그들에 걸맞은 이름으로 불러야 할 단계에 와 있습니다. 그들의 차별성을 드러낼 이름을 찾아야 하는 단계에 서 있는 것입니다.

● 구체화를 실험할 공간을 만듭니다.

특정한 실천과 그 과정을 구체화하는 일은 매우 복합적이고 위험한 일입니다. 이를 위해 어디서, 어떻게 그 실천과 과정이 이루어지는지를 찾아보고 이에 대해 논의할 공간이 필요합니다.

● '오래된 구성원'과 '새로운 구성원' 사이의 긴장을 조절합니다.

레이브와 웬저는 오래된 구성원과 새로운 구성원 사이에 존재하는 긴장에 대해 길게 이야기합니다. 오래된 구성원들은 자신들이 투자한 노력과 지금껏 일구어 온 가치관을 개혁적인 젊은 세대들의 이상과 열망보다 우선시하며 보존하려 노력합니다. 이 긴장은 잠재성, 집합성, 성숙 단계에서도 지속됩니다. 레이브와 웬저는 오래된 구성원들이 새롭게 등장한 구성원들의 질문과 실천을 받아 안음으로써 얻을 수 있는 이득에 관해 설명합니다. 연구 사례에 등장하는 그룹은 이미 이를 경험했습니다. 보다 중요한 것은 오래된 구성원들의 노력을 평가절하하지 않는 것입니다.

● 상호성을 수립합니다.

이 과정을 통한 배움은 학습공동체 성공에 핵심 요인이 될 수 있습니다. 학습공동체는 복합적이고 다면적인 환경에서 활동하므로, 이에 뒤따르는 특수한 측면을 갖게 됩니다. 동시에 이 학습공동체는 대부분의 공동체가 갖고 있는 근접성이라는 이점은 갖고 있지 못합니다. 근접성은 지속적인 소통과 협상을 가능하게 합니다. 학습공동체는 흩어져버린 본질을 극복하고 상호성을 수립할 방법을 찾아야 합니다.

저는 학습공동체가 이미 유용한 도구를 자신 안에 품고 있다고 생각합니다. 그 도구는, 특히 새로운 수도원 운동의 원칙과 이념을 통해 이 공동체가 성숙의 단계를 거쳐 성장하도록 도울 것입니다. 새로운 수도원 운동은 특정 실천을 보호하고 유지하기 위해 특별한 규칙과 패턴을 만들어냅니다. 학습공동체가 태어나고 실행돼 온 여정을 따라 성숙과 변혁의 단계에 도달하려 한다면, 앞서 제안한 방법을 사용해 다가올 험난한 협상 과정에 지혜롭게 임하기를 바랍니다.

참고자료

Bandura, A., 1977, Social Learning Theory, Englewood Cliffs, NJ: Prentice Hall.

Bielo, J.s., 2011, 'Purity, Danger and Redemption; Notes on Urban Missional Evangelicals', American Ethnologist 38. 2, pp. 267-80.

Binder, T., 1996, 'Participation and Reification in Design of Artifacts: An Interview with Etienne Wenger', AI & Society 10. l, pp. 101-6.

Boud, D. and H. Middleton, 2003, 'Learning from Others at Work: Corrmunities of Practice and Informal Learning', Journal of Workplace Learning 15.5, pp.194-202.

Engerstrom, Y., 1989, Learning by Expanding: An Activity-theoretical Approach to Developmental Research, Helsinki: Orienta-Konsultit Oy.

Hughes, J., N. Jewson and L. Unwin (eds), 2007, Communities of Practice: Critical Perspectives, Abingdon: Routledge.

Lave, J., 1991, 'Situating Learning in Communities of Practice', in L. B. Resnick, J. M. Levine and S. D. Teasley (eds), Perspectives on Socially Shared Cognition, Washington, DC: American Psychological Association.

Lave, j. and E. Wenger, 1991, Situated Learning: Legitimate Peripheral Participation, Cambridge: Cambridge University Press.

Marsick, V. J. and K. E. Watkins, 1990, Informal and Incidental Learning in the Workplace, London: Routeledge.

Nicolini, D. and M. B. Meznar, 1995, 'The Social Construction of Organizational Learning: Conceptual and Practical Issues in the Field', Human Relations 48. 7, pp. 727-47.

Steeple, C. and C. Jones, 2002, Networked Learning: Perspectives and Issues, London: Springer.

Wenger, E., 1998, Communities of Practice: Learning, Meaning and Identity, Cambridge: Cambridge University Press.

Wenber, E., R. McDermott and W. M. Snyder, 2000, Cultivating Communities of Practice, Boston: Harvard Business School Publishing.

4장.
신화를 해석하기

제럴드 A. 아버클Gerald A. Arbuckle

인간은 본래, 지금과 마찬가지로 경이로움으로 인해 철학을 시
작했다. … 그래서 신화를 사랑하는 사람은 철학자이기도 하다.
신화는 경이로운 것들로 구성되기 때문이다. [1]

이 장에서는 교회 안에서 나타나는 갈등을 문화인류학의 시선으
로 바라보려 합니다. 인류학자들은 교회 문화에 관심을 기울이지 않
아 왔습니다. 레이몬드 퍼스 *Raymond Firth* 는 인류학이 "탐구에 대한 강렬
한 열망과 도전하려는 의지를 지녀 매우 불편한 학문"이며, "… 이미
확립돼 있는 입장에 의문을 제기하고, 표면에 뒤덮인 허구와 수식어
를 걷어냅니다."라고 말했습니다. [2] 퍼스의 이 말이 진실인지 이제부
터 확인해 보지요.

본론으로 들어가기 앞서 신화 *myth* 와 서사 *narrative* 라는 개념부터 정리
하겠습니다. 그 후에는 신화와 서사가 사람들의 행동을 어떻게 규정
해 가는지 그 기능에 집중하고자 합니다. 교회 안에서 나타나는 일들
을 사례로 사용하겠습니다. 마지막으로 정반대의 의미가 담긴 두 가
지 신화가 교회 안에 어떤 이념적 갈등을 불러일으키는지 살펴보려

---

1   Aristotle, 982b
2   Firth, 1981, p. 200

합니다.

먼저, 문화 *culture* 라는 모호한 말을 정의하겠습니다. 교회를 순수한 영적 공동체라 가정하는 사람들은 교회의 문화란 존재하지 않는다고 말합니다. 그러나 교회는 안개 같은 존재가 아닙니다. [3] 문화에 대한 정확하지 않은 인식과 적절치 않은 태도로 이뤄진 교회에 대한 분석은 그릇된 목회 정책과 실천, 신학을 양산했습니다. [4] 문화는 상징과 서사, 의식이 그물망처럼 얽힌 의미의 묶음입니다. 빠르게 세계화되는 동시에 파편화되는 세상에서 제한된 권력과 자원을 가진 개인, 문화의 하위요소들이 상황에 대응하려 애쓰면서 만들어지는 결과가 바로 문화입니다. 문화는 이를 굳건히 따르는 이들에게 어떻게 살고 느끼는 것이 올바르다고, 질서 잡혀있다고 가르쳐줍니다. 또한 사유하고 행동하는 방식도 지도해줍니다. [5] 여기서 '질서'와 더불어 '느낌'에 방점이 찍혀 있다는 것에 주목하십시오. 문화는 90% 이상이 느낌으로 채워집니다.

제가 집중하려는 단어는 '신화'입니다. 로마 가톨릭의 사제 루이스 루즈베턱 *Louis Luzbetak* 은 "신화 연구는 그 중요성만큼이나 난해"하다고 말했습니다. [6] 맞습니다. 지역 신화는 "그리스도교 메시지를 전달하기 위한 접점이 될 수 있습니다. … 또한 신화는 복음과 전통적인 사고, 행동방식 사이에서 생기는 갈등이 어디서 비롯된 것인지 확인할 수

---

3   de Lubac, 1956, p. 114

4   Arbuckle, 2011, pp. xx-xxiv

5   Arbuckle, 2011 p. 17

6   Luzbetak, 1988, p. 266

있도록 도와줍니다." 이제껏 신화의 중요성을 심도 있게 언급한 철학자들은 그리 많지 않았고, 신화를 탐구 대상으로 진지하게 여겼던 이도 별로 없었습니다. 현재도 마찬가지인 것 같습니다. 신학자들과 역사가들은 신화에 관한 방대한 탐구 결과를 남겼지만, 제2차 바티칸공의회 문헌들이 교회 문화에 어떤 영향을 미쳤는지 분석할 때는 신화의 중요성을 배제하는 듯 보입니다.

신화

밀라노프스키 *Milanowski* 에 따르면 신화는 사회조직을 떠받치는 헌장입니다. 이 사회가 왜 이러한 모습을 취하고 있는지, 왜 사람들이 이렇게 행동해야 하는지를 설명해줍니다. 신화는 가치관이 잉태한 신념, 또는 이야기며 집단생활의 가장 깊은 곳에서 사람들을 묶는 접착제입니다. 신화는 사람들이 살아가는 수단인 동시에 목적으로 기능하는 이야기입니다. 세상과 인간 삶의 근본적인 진실을 상상력과 상징이 넘치는 방식으로 풀어냅니다.[7] 신화는 인간의 경험적 관찰을 넘어서서, 인간 경험 바깥의 무언가를 설명하려는 노력입니다. 아리스토텔레스는 신화가 경이로운 것들로 구성된다고 말합니다. 경이로움은 완전하게 설명될 수 없습니다. 신화의 거장 존 로널드 톨킨 *John Ronald Tolkien* 은 우리에게 경고했습니다.

> 신화의 의미는 분석적인 추론으로 해명되지 않습니다. … 우리
> 가 신중하게 접근하지 않으면 … 연구 대상을 생체 해부하여 살

---

7   Arbuckle, 1990, pp. 26-43, & Arbuckle, 2011, pp. 19-42

해할지도 모릅니다. [8]

간략히 말해 신화는 믿는 사람들에게 '실재' *reality* 가 무엇이며, 그것은 어떠해야 하는지를 말해줍니다. [9] 우리가 아무리 신화의 의미를 깊이 이해하려 한다 해도, 신화는 여전히 모호하고 신비로운 상태로 남습니다. 신화가 완전히 표현될 수 없는 무언가를 표현하려는 시도이기 때문입니다. 폴 리쾨르 *Paul Ricoeur* 가 말했듯, "신화는 소진되지 않는 의미의 잉여를 언제나 포함합니다. 다시 말해 신화는 가능한 의미를 끝없이 제공합니다". [10] 신화는 단순한 허구가 아닙니다. 신화를 신뢰하는 사람들은 이를 과학적이고 논리적인 분석보다도 더 심오한 통찰로 받아들입니다.

아리스토텔레스가 말했듯 신화는 깊은 감정 반응과 신비감, 경이감을 불러올 수 있습니다. 신화가 인간 경험의 가장 깊은 곳에서 발생했기 때문입니다. 신화가 드러내는 감정적 특징은 소위 '잠재된 신화' *residual myth* 에서 분명하게 드러납니다. '잠재된 신화'란 한 집단의 삶에 거의 영향을 미치지 않지만, 때로는 표면으로 올라와 매우 강력한 영향력을 행사하는 신화를 뜻합니다. '잠재된 신화'는 문화의 무의식에 숨어 다시 세상에 드러나기를 기다립니다. 세르비아의 지도자 슬로보단 밀로셰비치 *Slobodan Milošević* 는 1989년 6월 28일, 자신의 연설을 통해 1389년 세르비아 민족이 무슬림에 패배했던 신화를 소환했습니다. 이 '잠재된 신화'는 여론을 들끓게 했습니다. 이와 유사하게 제2차 바

---

8   Duriez, 2012, p. 174

9   Lincoln, 1989, p. 24

10   Ricoeur, 1976

티칸공의회 이전의 교회에 관한 신화는 여전히 교회의 집단 무의식 아래 깊이 숨어있고, 표면으로 드러나기를 기다리고 있습니다. 우리는 신화의 이러한 특성에 기대어 신화를 '기억의 저장소' *reservoirs of memory*라 부릅니다.

신화와 역사

루즈베턱은 "신화는 비유나 연극, 소설이나 시와 같습니다. 역사적이거나 과학적이지 않고, 인간 경험 영역 바깥에 있지만 진정한 진리의 보고가 될 수 있기 때문"이라고 말했습니다. [11] 그러나 신화와 역사가 반드시 충돌하지는 않습니다. 둘 다 각각의 관점에서 사실을 대하기 때문입니다. 역사는 '외적 측면에서', 신화는 '내적 측면에서' 사실을 관찰합니다. [12] 신화는 역사의 도덕적인 주석입니다. 물건값을 과하게 지불한 손님에게 거스름돈을 돌려주기 위해 길고 긴 길을 걸어간 에이브러햄 링컨 *Abraham Lincoln* 이야기는 사실이 아닐 것입니다. 그러나 이 이야기는 여러 시대를 관통하며 미국인들에게 중요한 가치를 전달합니다. 이 지점에서 우리는 신화가 깊은 의미를 전달하는 동시에 역사적 사실을 왜곡할 수 있음도 알게 됩니다.

서사

신화와 서사는 동전의 양면 같습니다. 아래 표를 보십시오. 신화는 과거시제로 우리 삶을 이해할 수 있도록 돕습니다. 이 이야기를 현재

---

11   Luzebetak, 1988, p. 266

12   Kelsey, 1974, p. 4

시제로 풀어 다시 이야기한다면 그것은 서사가 됩니다. 신화는 변하지 않는 것이지만, 확장되고 수정되며 심지어 폐기되기도 합니다. 서사가 역사적 사실과 충돌할 수 있다 하더라도 신화를 통해 진정성을 확보합니다. [13]

신화	서사
과거의 의미를 생성하는 이야기들	신화를 현재 맥락에 적용한 이야기들

그림 1: 신화와 서사

　신화와 서사의 목적은 밀라노프스키가 말하듯 행동을 적법화하려는 데 있습니다. 이제 소개하는 사례들은 서사가 어떻게 새로운 정체성을 형성하는지 보여주며, 신화가 어떻게 새로운 활력을 얻는지를 드러냅니다.

서사의 변화

'다시 세우기' *refounding* 서사

　'다시 세우기' 서사는 사람들이 집단을 새로 세우는 과정을 이야기하며, 이 경험으로 얻은 영감으로 지금의 세상과 창의적으로 관계 맺으려는 시도입니다. '다시 세우기'는 문제의 뿌리로 되돌아가 전적인 쇄신을 가져옵니다. 폴 리쾨르가 말했듯 '다시 세우기' 서사는 "새로운 사상과 가치관, 세상에 존재하는 새로운 방식을 시도하도록" 사람들을 격려합니다. [14] 그 결과 사람들은 근본적으로 새로운 정체성을

13　Arbuckle, 2011, p. 72

14　Ricoeur, 1970, p. 134

갖게 됩니다.

예를 들어 제2차 바티칸공의회의 서사는 교회를 '다시 세우라'고 요청했는데, 피상적인 변화가 아닌 가치관과 행동 면에서 급진적인 쇄신을 요구했습니다. 공의회는 '지진'이라 표현할 만큼의 신화적 변혁을 불러왔고, '명령에서 초대로, 법에서 이상으로, 개념에서 신비로, 위협에서 설득으로, 은둔에서 통합으로' 움직이게 되었습니다. [15] 공의회는 분명 교회 전통에 충실했으나 동시에 극적인 신화와 행동의 파열을 불러왔다는 사실을 숨겨서도, 경시해서도 안 됩니다. 파열은 기존 구조를 피상적으로 조정하는 것만이 아니라 교회 자체의 '다시 세우기'를 요구했습니다. 공의회 문서를 인류학적으로 연구한 저는 공의회가 과거와의 문화적 단절을 불러왔다고 강조하고 싶습니다. 연속성이 분명히 존재하지만 거대한 문화적 파열이 발생했다는 사실을 인정하지 않는 태도는 교회를 다시 과거로 돌아가게 만들고 급진적인 변혁을 거부하는 일이 될 것입니다. [16]

지금 교회를 지배하는 서사는 무엇일까요? 교회를 다시 세우라는 부름을 외면하는 몇 가지 서사를 인류학자로서 살펴보겠습니다. 서로 다른 서사들이지만 서로 공유하는 내용이 많은 이야기들이기도 합니다. [17]

15　O'Malley 2008, p. 307

16　'[사회학과 역사의 관점]에서 단절과, 일상과 단절되는 사건의 경험을 강조하지 않기는 어렵다.' Joseph A. Komonchak, "계속성에 있는 새로움: 교종 베네딕트의 2차 바티칸 공의회 해석" www.americanmagazine.org/issue/684/article/novelty-continuity (accessed 14 January 2013).

17　Arbudkle, 2013, pp. 9-30

낭만으로서의 서사

낭만으로서의 서사는 과거를 이상적으로 표현합니다. 예를 들어 교회는 본래 민주주의를 채택하지 않으며, 그랬던 적도 없고, 앞으로도 그렇지 않을 것이라는 서사가 존재합니다. 로마 교황청은 참여, 협의를 강조하는 지도 형태를 마땅한 근거가 있다면 무시할 수도 있다고 자주 말해왔습니다. 소위 '표류하는 신화' *myth drift* 라 부르는 개념이 있습니다. 신화가 현실에 자리 잡지 못하고 둥둥 떠다니는 현상을 뜻하는 개념입니다. 로마 교황청의 행태는 제2차 바티칸공의회의 정신과 대비될 뿐만 아니라, 상당히 긴 기간 동안 존재했던 교회의 실천을 무시하는 것입니다. 역사가 레너드 스위들러 *Leonard Swidler* 는 20세기 초반까지 전 세계 주교 중에서 교황의 직접 지명을 받은 주교가 반도 되지 않았다고 말합니다.[18] 그만큼 자율성이 존재했다는 뜻이지요.

근본주의 서사

정치, 종교적 근본주의는 문화적 혼돈이 나타나는 사회나 조직에서 자주 발견됩니다. 사람들은 혼란 중에 단순하고 분명한 정체성을 갖기 원합니다. 명료하지 않은 회색지대는 필요 없고, 오직 절대적인 해답만이 존재할 뿐입니다. 그들은 지금 역사가 잘못 흘러가고 있으며 이 혼돈을 '정상 상태'로 돌려 놓아야 한다는 강박에 시달립니다.[19]

가톨릭 교회에서 근본주의는 제2차 바티칸공의회가 도입한 극적인 신학, 문화 변혁에 대한 반동으로 나타났습니다. 공의회 이전 교회의

---

18 Swidler, 1986, p. 310

19 Arbuckle, 2004, pp. 195-214

'잠재된 신화'가 서사 형태로 다시 부상한 것입니다. 가톨릭신앙연합 *Catholics United for the Faith* (CUF)과 같은 부류는 '세속적 인본주의의 사악함', '정통성의 상실', '제2차 바티칸공의회의 과도한 자유스러움'에 대항하여 교회를 지켜내고자 했습니다. 가톨릭 근본주의자들은 교회의 정체성이 무엇인지 고민할 때 그들이 선호하는, 본질적이지 않은 주제들에 집착했습니다. 그리고 사회정의에 대한 교황의 가르침을 무시했습니다. 정통성을 부르짖는 이들이 늘 그렇듯, 그들은 타자에 대한 존중과 인간이 가진 권리를 무시했습니다.[20]

단절의 서사

역사는 중요한 단절점을 두고 이전과 이후로 분명하게 나뉜다고 주장하는 지도자들이 있습니다. 그들은 자신들이 설파하는 조직의 서사가 설립신화에 굳건히 뿌리 내리고 있다고 주장합니다. 하지만 사실 그렇지 않습니다.[21]

예를 들어 2000년 요한바오로 2세는 제2차 바티칸공의회를 끝맺으며, "우리는 우리 자세를 잡아줄 분명한 '컴퍼스'를 발견했다"라고 말했습니다. 즉 그는 주교들의 협력적 참여 *collegiality* 와 같은 신화적 변혁은 뒤로 물릴 수 없을 것이라고 주장했습니다.[22] 그러나 이후 로마 가톨릭의 회중에게 엿보이는 서사들은 이 설명과 배치됩니다, 2001년 로마 가톨릭은 「진정한 전례」 *Liturgiam Authenticam* 라는 문서를 발간했습니다. 세계성공회 국제위원회 영어 예전 의장과 상의도 없이 이를 발간

---

20 Arbuckle, 1993, pp. 51-4를 보라.

21 Arbuckle, 1993, pp. 72-92

22 John Paul II, 2001, p. 75

한 이유는 젠더에 관한 포괄적 언어 사용 금지를 다시 한번 강조하기 위한 것이었습니다. [23] 이 문서에 담긴 서사에는 로마 가톨릭이 예전 문제를 해결할 최종적인 권리가 있다고 주장하지만, 이것은 제2차 바티칸공의회의 결실과는 모순되는 것입니다. 존 앨런 *John Allen* 은 "이 문서는 원로원에 권력을 집중시키고 로마의 예배와 스타일을 지역 교회가 채택해야 한다고 주장하며, 제2차 바티칸공의회 교회론의 핵심에 도전하고 있다"라고 말했습니다.

문화 동화의 서사

다른 문화의 가치관과 관습을 의식적이든 무의식적이든 흡수하는 서사를 문화 동화의 서사라고 부릅니다. 예를 들어 가부장제는 남성이 일차적인 권위와 권력을 지닌 인물로 사회관계의 중심에 배치되는 사회제도입니다. 가부장제가 유지되려면 여성이 남성에게 계속해서 예속 되어야 합니다. 배타적이고 가부장적인 언어로 이뤄지는 예전을 유지하자는 주장은 성 역할, 성 평등과 관련해 더 많은 사실을 발견해 온 성서연구와 역사적 사실, 사회운동의 통찰을 거부하는 것입니다. [24]

바울 이전 시대와 바울 당대의 그리스도교 공동체에서 여성은 남성과 동등하게 활동했던 것으로 보입니다. [25] 모린 피들러 *Mayreen Fiedler* 가 말하듯 여성들은 설교했고 선교여행을 떠났으며 초대 교회 공동체의

---

23 The Tablet, 12 May 2001, pp. 704-5를 보라.

24 Arbuckle, 2004, pp. 39-43, 69-72

25 Abrahamsen, 1993, p. 816

지도자 역할을 맡기도 했습니다. [26] 이 모든 것이 콘스탄티누스 칙령 (313년)과 함께 박해가 중단되면서 새로운 변화를 맞이했습니다. 교회는 이때부터 로마 문화의 가부장적 가치관과 구조를 수용하기 시작했습니다. 어떤 초대 교부는 여성의 교회 내 역할 문제에 있어서 남성이 우선시되는 당대 문화의 관점을 무분별하게 수용했습니다. [27]

애도를 침묵시키는 서사

애도의 서사는 상실이라는 상황을 공개적으로 인정하고, 과거로 되돌아가 상처를 치유하는 이야기입니다. [28] 애도를 거치면 천천히 그러나 용감하게 불안과 공포, 희망의 미래를 수용할 수 있게 됩니다. 우리는 구약과 신약 모두에서 이 서사의 사례를 확인합니다. 슬픔을 이야기하기 시작하면서 새로운 희망과 사회적 비전, 정체성을 발견하는 사람들이 등장합니다.

그러나 애도는 침묵당할 수 있습니다. 폭압적인 정부는 공권력을 동원해 희생자들의 장례식이 공개적으로 치뤄지는 것을 막습니다. 애도의 서사가 폭군에게 저항할 에너지를 사람들에게 전달할까 두렵기 때문입니다. [29] 그러나 표현되지 못한 슬픔은 화약고같아서 개인과

---

26 Fiedler, 1998, pp. 121-2

27 예를 들어, 3세기에 터툴리안(Turtullian)은 여성이 남성에게 위험하다고 '당신들은 악마의 문이요... 당신들은 거룩한 법을 변절한 사람들이요라고 선언한다 (Fiedler and Rabben, 1998, p. 114에서 인용됨). 당대의 문화에 따르면 여성은 불결하다고 여겨졌기에 예전에 직접 참여하지 못하도록 배척되었다. 4세기 라오디케아 회의(Synod of Laodicea)에서 '여성은 제단에 접근하지 못한다'고 선언하였다 (Fiedler and Rabben, 1998, p. 115). 829년 파리회의에서 여성은 제단 주위로 모여들지 못하며, 성배와 접촉해서도 안된다'고 선언한다 (Fiedler and Rabben, 1998, p. 116).

28 Arbuckle, 1991, pp. 25-41

29 Brueggemann, 1987, pp 72-91

공동체를 파괴하는 행동으로 드러날 수 있습니다. 1세기 로마 시인 오비디우스 *Ovid* 는 명명되지 못한 슬픔을 이렇게 표현했습니다.

　　억압된 슬픔은 질식한다. [30)]

오늘날 교회는 표현되지 못한 슬픔으로 가득 차 있습니다. 이는 반복된 상실이 낳은 결과입니다. 수천명의 신자들과 어떤 협의도 없이 진행된 지역 교회 폐쇄, 성적학대 추문, 이해하지 못할 예전 변경, 로마 교황청 주교와의 협의 실패, 신학자들에 대한 마녀사냥, 적절한 과정 없이 진행되는 교회재판, 책임감이 엿보이지 않는 공개 파문, 로마 교황청의 여성종교지도자 대회 *Leadership Conference of Women Religious* (LCWR) 비판 등이 해결되지 못한 슬픔을 불러왔고, 이 여파는 계속되고 있습니다. 복고주의자들은 애도의 서사를 짓누르거나 방해합니다. 그들은 대신 공의회 이전의 교회 서사를 부활시킵니다. 사람들이 제2차 바티칸공의회의 신학을 매일매일 마주하는 교회의 목회와 생동감 있게 연결하는 서사를 만들지 못하도록 방해하기 위해서입니다.

신화의 양극성

인류학자 클로드 레비스트로스 *Claude Lévi-Strauss* 는 우리의 신화 이해에 두 가지 긍정적인 기여를 했습니다. 신화에 내재된 양극성을 설명하고, 이 양극성을 화해시키는 신화의 능력에 관한 연구를 발표한 것입니다. 그러나 신화 안에서 이 화해가 어떻게 일어나는지 정확히 알 수 있는 경우는 거의 없습니다. [31)] 사람들은 불확실한 상태로 지낼 수

30　Ovid, Book V, eleg. I, line 63

31　Leach, 1970, pp. 54-82

없기에 한쪽 극에 끌리고, 이념적으로 태도가 경직됩니다. 이 통찰은 제2차 바티칸공의회 문서에 대한 연속성/단절 논란을 더 잘 이해하게 해줍니다.

민주주의 신화에는 서로를 보완하는 두 개의 양극이 존재합니다. 하나는 개인의 권리이고, 다른 하나는 공동체의 권리입니다. 세 번째로 나타나는 성질인 '우애' *fraternity* 는 양 극단의 균형자입니다. 실제로 '우애'가 어떤 의미를 지니는지는 어떤 대립극이 강조되느냐에 따라 달라집니다. 미국인에게 우애는 공익이 희생되더라도 개인의 권리가 존중되는 것입니다. 이 사회에서는 개인의 권리가 우선적인 가치로 여겨지기에 공동체에 비극적인 영향을 미치더라도, 개인의 권리가 강조됩니다. 그러므로 전국총기연합 *National Rifle Association* 같은 이익집단이 자유롭게 정치적, 경제적 권력을 휘두를 수 있습니다. 의료 종사자들도 연합회와 주요 보험회사를 통해 강력한 로비를 행합니다. 공익이 무시되는 불균형을 개선하려는 정부가 어떤 조치를 시도한다면 강력하게 대립하며 맞섭니다. 공익적 필요를 위해 시행된 보건개혁 역시 미국에서는 완수되기 어려웠습니다. [32]

제2차 바티칸공의회 문서는 모호성과 긴장으로 가득 차 있습니다. 양 극단의 대립이 창조신화에 드러나는 빛과 어둠의 대립만큼 격렬합니다. 공의회의 주장을 반박하려는 사람들은 제2차 바티칸공의회 문서들이 서로 대립하는 양 극단의 주장을 보완하는 모호성, 즉 중간 지대를 갖고 있지 않다고 말합니다. 그러나 공의회 문서는 대립을 보완할 만한 모호성을 지니고 있습니다. 구체적인 사례로 제시될 수 있는

---

32 Arbuckle, 2000, pp. 65-76, and Arbuckle, 2013a, pp. 93-4

몇몇 문장을 살펴봅시다. [33]

교회는 보편적이다. 그러나 지역 교회들의 문화적 다양성을 반영하며 성육신해야 한다.

교회는 질서와 일치를 유지하는 책임을 지닌 주교의 지도력 아래에 있는 제도다. 그러나 교회는 서열과 무관한 순례하는 하느님의 백성이기도 하다.

교황은 교회에 대해 완전한, 최고의 보편적 권한을 갖는다. 그러나 주교들도 그들에게 적합한 권한을 가지고 자신의 교구를 함께 치리한다.

이 대립은 두 가지 신학, 즉 신 아우구스티누스 신학과 신 토마스 아퀴나스의 신학이 드러내는 갈등에서 구체적으로 나타납니다. 신화적으로 두 신학은 서로 대립하지만 어느 쪽도 상대방을 배척할 수 없습니다. [34] 문서 어디에도 갈등하는 양극이 실제 생활에서 어떻게 균형을 찾을지에 대한 설명이 존재하지 않습니다. 오히려 교회 구성원들에게 상호존중과 대화를 통해 대립하는 상대와의 균형을 발전시키기 위해 노력하라는 도전을 남겼을 뿐입니다. 균형을 위해 노력하지 않으면, 사람들은 어느 한쪽으로 기울어져 과도하게 나아가거나, 지나치게 단순해져 버립니다.

문제는 여전히 남아있고, 해결을 위해서는 끊임없는 노력과 성찰이 필요합니다. 우리가 바울 성인이 표현한 교회의 비전, 교회는 그리스

---

33 Arbuckle, 1993, pp. 39-43

34 McCool, 1989, p.216

도의 신비한 몸이라는 선포를 마음에 품을 수 있다면 언젠가 서로 다른 이들을 포용할 수 있는 균형을 이룰 수 있지 않을까요?

> 여러분은 다 함께 그리스도의 몸을 이루고 있으며 한 사람 한 사람은 그 지체가 되어 있습니다. *(1고린 13:1)*

결론

희망적인 말로 결론을 맺으려 합니다. 상징과 신화, 예식은 건물이나 풍경처럼 빨리 혹은 쉽게 대치되지 않습니다. 자동차나 칫솔처럼 대량으로 생산되는 것도 아닙니다. 문화의 심층에 담긴 이 틀을 뿌리째 뽑는 일은, 아무리 의식적이고 지적인 동의를 거쳤다 할지라도 한 민족의 소속감을 파괴하게 됩니다. 사람들은 상실과 혼란으로 점철된 길고 고통스러운 시간을 경험해야 할 것입니다. 새로운 형태의 '다시 세우기' 신화에 기초해 구조와 권한 체계를 조정하는 일은 오랜 시간을 필요로 합니다. 진행속도 또한 느릴 수밖에 없습니다. 새로운 구조가 신뢰할만하게 자리 잡기 위해서는 상당한 정도의 모호성을 견딜 인내가 필요합니다.

문화는 사람들에게 소속감을 부여합니다. 그러나 불확실성이 사람들을 뒤흔들면, 그들은 잠재되어 있던 이전 문화로 다시 기울어집니다. 이미 유효성이 입증된 감정에 의존하고, 변혁에 대한 두려움으로 인해 변화가 몰고 오는 폭풍우에 맞서려 합니다. 경험 많은 한 관찰자가 말하듯, "문화는 (변화를 위한) 전략을 점심식사처럼 먹어치울 수 있습니다".[35] 변화에 능숙한 지도자들은 사람들이 신화적 변화를 무

---

35 Clark, 2011, p. 133

리 없이 받아들이도록 세심하게 이끌고 가야 합니다. 지도자가 실패한다면 추종자들은 심각한 혼란에 빠지고 말 것입니다. 잠재되어 있던 권력 구조가 과거보다 더 강력하게 출현합니다. 현재 권력을 쥔 사람들도 잠시 동안의 변화를 인정하는 시기가 존재하지만, 곧 순종과 단일함을 향한 그들의 경직성, 고집이 더욱 강해지면서 절망감이 솟구칠 것입니다. 아랍의 봄, 이집트 혁명처럼 혁명이 있는 곳이라면 어디든 이러한 현상은 어김없이 나타납니다.

이 이론은 제2차 바티칸공의회 이후에 있던 중요한 갈등을 설명하는 데 도움을 줍니다. 공의회에 참여했던 성직자들은 단순히 문서의 몇 글자를 바꾼다 해서 공의회 이전에 깊숙이 뿌리박혀있던 중앙집권적, 권위주의적인 문화가 변화될 것이라 생각해서는 안됐습니다. 여러 성직자들과 그들의 계승자들은 문화 변혁을 이끌 준비를 제대로 하지 못했습니다. 그 결과 잠재되어 있던 공의회 이전의 신화가 다시 출현했습니다. 특히 로마 교황청의 복고주의자들은 이를 강력하고도 재빠르게 표현하고 있습니다. 양극을 향해 거세게 움직이는 진자처럼 교회의 운명이 흔들리고 있습니다. [36]

이와 동시에 수천명의 평신도와 사제, 교회를 이룬 구성원들에게 공의회 문서는 깊은 흔적을 남겼습니다. 공의회가 전한 새로운 신화는 이들의 삶에 깊이 심겨졌습니다. 잠재되어 있다가 다시 출현한 과거 교회의 신화는 더 이상 이들에게 신학적으로나 목회적으로 의미를 부여하지 못합니다. 점점 더 깊은 슬픔과 절망을 느끼면서도 동시에 교회 구조 안에 자리 잡은 지도자들의 빈곤함을 직시하기 시작했습니

---

36 Mannion, 2007, pp. 43-74

다. 제가 설명했던 선명한 갈등이 시작된 것입니다.

아직 포기하기엔 이릅니다. 공의회 이전의 신화가 아닌, 잠재되어 있던 교회의 새로운 신화가 극적으로 다시 표면으로 올라왔습니다. 프란시스 교황은 선출 직후부터 교회의 새로운 신화에 기초한, 새로운 지도자 스타일을 채택했습니다. 그는 "선임자와는 달리 황금이나 보석 박힌 주교관도, 족제비털 달린 망토도, 주문 제작한 붉은 신발과 머리 장식도, 화려한 성좌도 원치 않았습니다". 그는 "일부러 엄숙한 몸짓이나 화려한 수사를 자제했고 평범한 사람의 언어로 말했습니다". [37] 엘튼 존 _Elton John_ 에 따르면 "프란시스는 허영의 시대에 나타난 겸손한 기적입니다. … 이 교황은 우리를 초대 그리스도교의 가치로 되돌아가게 하는 동시에 우리를 21세기로 돌아오게 하는 것 같습니다". [38]

우리는 프란시스 교황을 '복음적 희극인' _gospel comedian_ 이라 부를 수 있습니다. 『리어왕』 _King Lear_ 의 백치나 찰리 채플린 _Charles Chaplin_ (그리고 이 시대의 채플린이라 불리는 패티 아버클 _Fatty Arbuckle_)처럼 훌륭한 희극인은 공통점을 갖고 있습니다. 채플린은 정부 관료의 허세와 거만함에 짓눌리기를 거부했습니다. 채플린에게 그들은 놀림과 동정의 대상일 뿐이었습니다. [39] 진정한 희극인은 관객의 가슴 깊은 곳을 매만질 수 있습니다. 관객들은 그가 자신들을 이해한다고 느낍니다. 행동

37 Hans Kung, 'The Paradox of Pope Francis', www.mcronline.org/print/news/Vatican/paradox-pope-francis (accessed 28 May 2013) 에 보고됨.

38 http://blog.wenn.com/all-news/elton-john-praises-pope-francis/ (accessed 19 July 2013)

39 Hyers, 1991, pp. 64-5

으로 희망과 절망, 질서와 무질서 같은 사회의 근본적인 불일치를 드러내는 그들은 경계선에 선 사람들입니다. 그러나 동시에 그들은 이 불일치를 초월할 수 있습니다. 질서 한가운데에 의도적으로 무질서를 만들어, 불일치가 드러나게 합니다. 그들은 우리를 불일치의 상황으로 불러내 그 긴장을 경험하게 하고, 우리가 긴장의 해결책을 발견하라고 초대합니다. 우리가 처한 상황은 언제든지 움직일 수 있습니다.[40]

인류학자 매리 더글라스 *Mary Douglas* 는 희극인을 '예식적 청결제' *ritual purifiers* 라고 부릅니다. 심지어 "농담하는 사람은 이류 신비가 *minor mystics* 로 여겨져야 한다"고 말합니다.[41] 희극인은 관객들이 매끈하게 정돈된 사회 구조와 지위를 비판하고, 새로운 가치관과 진리를 찾으라고 초대하기 때문입니다. 훌륭한 희극인은 부적절한 권한을 폭로하고, 과도한 규칙과 전통에 순종하는 사람들을 조롱합니다. 그들은 지위와 부, 권력과 폭력의 세계를 비난할 뿐만 아니라, 우리가 희망을 발견하게 합니다. 성서 속 예언자처럼 운명은 다시 쓰일 수 있다는 것을 우리에게 선언하는 것입니다.

프란시스의 역할, 그의 매력은 희극인과 같습니다. 그는 복음적인 희극인입니다. 피터 버거 *Peter Berger* 는 유머란 초월을 드러내는 일이며, 신중히 구원을 불러내주기에 "광대의 연기는 성사적 위엄 *sacramental dignity* 을 지닌다"고 말했습니다.[42] 이는 바울 성인이 분열된 고린토교

---

40 Arbuckle, 2008, pp. 52-5

41 Douglas, 1966, p. 108

42 Berger, 1969, p. 114

회 신자들에게 아무런 사회적 지위, 권한도 없이 그리스도의 광대가 된 자신의 역할을 언급하는 것과 같습니다.

> 우리는 그리스도를 위하여 바보가 되었고 여러분은 그리스도를 믿어 현명한 사람이 되었습니다. 우리는 약자이고 여러분은 강자입니다. 여러분은 명예를 누리고 있는데 우리는 멸시만 받습니다. … 그래서 우리는 지금도 이 세상의 쓰레기처럼 인간의 찌꺼기처럼 살고 있습니다. (1고린 4:10~13)

교황 아드리안 6세 ^{Adrian VI} 는 1523년에 "이 교황청에도 혐오스러운 일이 일어나고 있음을 잘 알고 있습니다. … 우리는 교황청을 개혁하기 위해 최선을 다해 노력할 것입니다"라고 선언했습니다.[43] 이와 유사한 도전에 프란시스 교황은 직면하고 있습니다. 그는 자신의 상징적인 몸짓을 통해 교회 안에서 깊은 지지를 이끌어내야 합니다. 인류학자 한사람이 그 도전과 모험의 거대한 규모를 가늠할 수는 없겠습니다만, "(변화의) 전략이 문화를 공격하면, 결국 문화가 승리한다"는 인류학의 격언을 명심해야 합니다. 우리는 교회 안에 잠재돼있는 개혁에 대한 저항을 과소평가해서는 안 됩니다. 복고주의는 제2차 바티칸공의회 이전 신화에 굳게 뿌리 내리고 지하로 흘러들어 여전히 강력한 '잠재된 신화'로 남아있으면서, 언젠가 다시 한번 주도권을 차지하기를 기다리고 있을 확률이 높습니다.[44] 저는 프란시스 교황이 교회의 선교를 달성하는 데 문화가 어떤 도움을 주고, 방해를 하는지에 대해 분명히 인식하기를 바라며, 열망하는 변화가 교회 조직 안에

---

43 Accattoli, 1998, p. 7

44 Accattoli, 1998, p. 7

서 제대로 뻗어 나가도록 하는 기술을 깨우치기를 바랍니다. [45] 그래
야만 이 강력한 도전과 저항의 파고를 넘어설 수 있을 것이기 때문입
니다.

참고자료

Abrahamsen, V., 1993, 'Women,' Oxford Companion to the Bible, ed.
B.M.Metzger and M.D.Coogan, New York: Oxford University Press.

Accattoli, L., 1998, When a Pope Asks for Forgiveness, New York: Alba
House.

Allen, J. L., 2001, 'New Document Replaces 35 Years of Liturgy Work,'
National Catholic Reporter, 25 May.

Arbuckle, G. A., 1990, Earthing the Gospel: An Inculturation Handbook for
Pastoral Workers, Maryknoll, NY: Orbis Books.

Arbuckle G. A., 1991, Change, Grief, and Renewal in the Church: A Spiritu-
ality for a New Era, Westminster, MD: Christian Classics.

Arbuckle G. A., 1993, Refounding the Church: Dissent for Leadership,
Maryknoll, NY: Orbis Books.

Arbuckle G. A., 2000, Healthcare Ministry: Refounding the Mission in
Tumultuous Times, Collegeville, MN: Liturgical Press.

Arbuckle G. A., 2004, Violence, Society and the Church: A Cultural Ap-
proach, Collegeville, MN: Liturgical Press.

Arbuckle G. A., 2008, Laughing with God: Humor, Culture, and Transfor-
mation, Collegeville, MN: Liturgical Press.

Arbuckle G. A., 2011, Culture, Inculturation, and Theologians: A Postmod-

---

45 Schein, 1987, p. 320

ern Critique, Collegeville, MN: Liturgical Press.

Arbuckle G. A., 2013, Catholic Identity or Identities? Refounding Minis-
tries in Chaotic Times, Collegeville, MN: Liturgical Press.

Arbuckle G. A., 2013a, Humanizing Healthcare Ministries, Philadelphia,
PA: Jessica Kingsley.

Aristotle, 1995, Metaphysics, 982b, Selected Writings, trans. T. Irwin and
G. Fine, Indianapolis, IN: Hackett.

Berger, P., 1969, A Rumor of Angels: Modern Soceity and the Rediscovery
of the Supernatural, Harmonsworth: Penguin Books.

Brueggemann, W., 1987, Hope within History, Atlanta, CA: John Knox
Press.

Clark, R., 2011, cited by R. Ashkenas, S. Francis and R. Heinick, 'The Merger
Dividend', Harvard Business Review, 89.8/9 (July-August).

de Lubac, H., 1956, The Splendour of the Church, London: Sheed & Ward.

Douglas, M. 1966, Purity and Danger: An Analysis of Concepts of Pollution
and Taboo, Harmondsworth: Penguin Books.

Duriez, C., 2012, J. R. R. Tolkien: The Making of a Legend, Oxford: Lion
Hudson.

Fiedler, M., 1998, 'Gender Equality: Theory and Practice', in M. Fiedler and
L. Rabben (eds.), Rome Has Spoken, New York: Crossroad.

Firth, R., 1981, 'Engagement and Detachment: Reflections on Applying
Social Anthropology to Social Action', Human Organization 40.

Hyers, c., 1991, The Comic Vision and the Christian Faith: A Celebration of
Life and Laughter, New York: Pilgrim Press.

John Paul II, 2001, Apostolic Letter, At the Beginning of the New Millennium, Sydney: St Paul's Publications.

Kelsey, M., 1974, Myth, History and Faith: The Demythologizing of Christianity, New York: Paulist Press.

Leach, E., 1970, Levi-Strauss, London: Fontana.

Lincoln, B., 1989, Discourse and the Construction of Society: Comparative Studies of Myth, Ritual, and Classification, Oxford: Oxford University Press.

Luzbetak, L. J., 1988, The Church and Cultures: New Perspectives in Missiological Anthropology, Maryknoll, NY: Orbis Books.

O'Malley, J. W., 2008, What Happened at the Countil?, Cambridge, MA: Belknap/Harvard University Press.

Mannion, G., 2007, Ecclesiology and Postmodernity: Questions for the Church, Collegeville, MN: Liturgical Press.

McCool, G., 1989, From Unity to Pluralism: The Internal Evolution of Thomism, New York: Fordham University Press.

Ovid, Tristia, Book V.

Riceour, P., 1970, 'The Function in Shaping Reality', Man and World 12.2.

Schein, E. H., 1987, Organizational Culture and Leadership, san Francisco, CA: Jossey-Bass.

Swidler, L., 1986, 'Democracy, Dissent, and Dialogue', in Hans Kung and Leonard Swidler (eds.), The Church in Anguish, San Francisco, CA: Harper & Row.

5장.
'죄'를 다시 생각하기-1

안드레아 캄파네일 *Andrea Campanaile*

저는 사우스 웨스트 런던에서 9년간 영적 구도자를 위한 파이어니어 활동을 펼쳐왔습니다. 여러 팀을 훈련시켜 마음, 몸, 영에 관련된 축제를 열고, 비그리스도교인들이 참여하는 축제에도 파송했습니다. 우리는 참여자들에게 격려와 위로를 전하고, 그들이 기도를 받거나 기도에 참여할 수 있도록 돕습니다. 우리가 만난 사람들은 영성에 관심을 가지고 있으나, 제도화된 종교 특히 그리스도교 교회는 경계하는 사람들이었습니다. 우리는 그들의 삶에 단순히 물질적인 것, 소박한 관계 이상의 무언가가 담겨 있음을 믿습니다. 그들은 자신들이 겪은 영적 체험들을 이해하기를 바라며, 질병과 외로움, 이별로 인해 겪는 고통을 이겨낼 수 있는 영원한 지향을 갈망합니다. 그리스도교인들은 이러한 만남 근저에 적대감이 있다고 보곤 했지만, 제가 만난 사람들은 따뜻하고 섬세하며 호기심 많은 사람들이었을 뿐입니다. 그들은 거룩한 만남 *divine encounters*, 특히 꿈과 창의성, 자연을 통해 거룩함을 만날 가능성이 있다는 사실을, 그 만남이 무엇을 뜻하는지를 우리에게 가르쳐줄 수 있는 사람들이었습니다.

이 사역에 참여하면서 저는 훌륭한 여성 구도자들을 만나게 되었습니다. 그러면서 우리가 기존에 가지고 있던 죄 개념이 대체로 부적절하다는 사실을 알게 됐습니다. 제가 만난 사람들은 스스로 무가치하다는 생각과 누군가에게 거부당하리라는 두려움에 만성적으로 시달리고 있었습니다. 그들은 자신들이 받아들여질 수 없는 사람들이라고 믿고 있던 듯합니다. 저는 영적으로 바른 길을 찾으려는 사람들에게서 내면 깊숙이 박혀있는 수치심을 발견한 것입니다. 이 무거운 자기혐오로부터 해방시키는 그리스도교의 희망은 무엇일까를 고민하기 시작했습니다. 제 결론은 이 문제가 제가 경험한 선교 영역에 한정돼 나타나는 상황이 아니라는 것입니다. 오히려 수치심은 서구 후기 산업화 사회에 만연해 있으며, 교회는 이제까지 수치심의 노예가 된 사람들을 해방시키는 데 실패해 왔습니다. 저는 복음 자체가 '새로운 표현'이라고 믿고, 복음이 사람들을 괴로움에서 구해내고 치유하리라 믿습니다. 이 모든 일을 해나가는 예수님의 능력을 전하는 우리의 메시지는 수치심을 어떻게 대해야 하는지에 대한 고민을 통해 우리 시대에 더 적절하고 영향력 있는 메시지로 성장할 것입니다.

수치심을 향한 여정

저는 YMCA 성탄절 축제에서 타냐라는 젊은 여성과 대화하며 '수치심'이라는 문제를 처음 알아차렸습니다. 이야기를 나누며 하느님이 그녀를 얼마나 사랑하시는지, 그녀가 거룩한 분의 눈에 얼마나 아름다울지 느끼게 되었습니다. 제 느낌을 그녀에게 그대로 전했고, 그녀는 끝내 울고 말았습니다. 그토록 훌륭한 여성이 자기 자신에 대해 그렇게 끔찍한 이미지를 갖고 있다는 사실이 매우 안타까웠습니다. 이 사건은 제게 하나의 질문을 남겼습니다. 그녀는 어떻게 그토록 끔찍한 모습으로 자기 자신의 모습을 왜곡하게 됐고, 자신에 대한 그릇된 상을 받아들이게 됐을까요?

저는 이 만남 이후에 자넷 데이비스 *Janet Davis* 가 쓴 『내 최악의 적』 *My Own Worst Enemy* 이란 책을 소개받았습니다. 영성 지도자인 저자는 여성들 마음속에 있는 자존감을 좀먹는 일종의 각본에 대해 소개했습니다. 여성들은 하느님께서 주신 잠재력을 갖고 있지만 이 각본에 따라 자신의 내면을 갉아먹는 것이지요.[1] 저자는 성서 속 여성들의 이야기를 다루며, 하느님께서 여성들에게 주신 잠재력을 억압해 사랑과 자유를 가로막는 파괴적인 메시지를 제거하려 했습니다.[2] 저는 이 책과 취약함에 대해 TED에서 강연했던 브린 브라운 *Brene Brown* 의 영상을 통해 친밀한 관계에 대한 두려움과 우울증으로 씨름했던 제 자신도 마음 깊은 곳에 수치심을 떠안고 있다는 사실을 깨달았습니다. 그리고 제가 다니던 교회가 그리스도께서 제게 선물하신 해방과 위안을 가져다주기는커녕 오히려 제 수치심을 강화하고 복잡하게 만들어왔다는 사실도 알아챘습니다.[3]

이 경험이 여성들에게만 해당하는 것은 아닙니다. 남성들도 수치심을 경험합니다. 무엇이 이 감정을 유발하는지, 그것이 어떤 방식으로 드러나는지가 다를 뿐입니다. 저는 다른 영적 구도자들과 함께 기존 교회에서 벗어나 새로운 그리스도교 선교 공동체를 시작하기로 했습니다. 우리에게 수치심은 매우 중요한 선교적 문제였습니다. 우리

---

1   Davis, 2012, p. 17

2   Davis, 2012, p.21

3   Watson, 2005

는 많은 사람들이 상처받고 스스로가 사랑받을 가치가 없다고 생각하며, 서로 양육하고 지지하는 관계를 맺지 못한다는 사실을 알았습니다. 진실한 자기 자신을 드러내면 거부와 격리가 뒤따를 것이라는 두려움이 사람들을 붙잡고 있었습니다. 그러나 "하느님은 이 세상을 극진히 사랑하셔서 외아들을 보내주시어 그를 믿는 사람은 누구든지 멸망하지 않고 영원한 생명을 얻게 하여주셨다"(요한 3:16)는 성서 말씀을 굳게 믿었습니다. 우리는 죄와 죄의식을 덜어내는 데서 초점을 돌려, 그리스도의 복음이 우리를 수치심에서 어떻게 해방시켜 줄 것인지에 관심을 기울였습니다. 이러한 방식이 우리를 자기 자신, 공동체, 결국에는 하느님과의 화해로 이끌 것이라 믿었습니다.

이야기를 본격적으로 나누기 전에 수치심이란 무엇인지, 그것이 우리 삶에 어떤 영향을 미치는지 확인할 필요가 있습니다. 성서는 수치심에 대해 무엇이라 말하며, 그리스도의 삶과 죽음은 이 주제와 어떤 관련성을 가지고 있을까요? 포스트모던 사회에서 펼쳐지는 선교에 수치심은 어떤 의미를 가지며, 우리의 예전과 실천은 어떻게 변화해야 할까요? 저는 특별히 사람들이 수치심을 극복하도록 돕고, 개인들의 취약함 *vulnerability* 을 인정하며 수치심에 대한 회복탄력성 *shame resilience* [4]을 길러내는 '불안정한 공동체'[5] 를 사람들이 상상할 수 있도록 돕고 싶었습니다.

수치심이란 무엇일까요?

---

4   Brown, 2012, p. 157

5   Morisy, 2009, p. 109

『간략한 옥스퍼드 영어사전』$^{Concise\ Oxford\ English\ Dictionary}$ 은 수치심을 "죄의식이나 자신의 실수에서 비롯하는 우울함 또는 부끄러운 감정으로 치욕스러움, 불신, 강렬한 후회의 상태"라고 정의합니다. 수치심의 어원은 인도유럽어 kam/kem으로 숨거나 숨긴다는 뜻을 갖고 있습니다. [6] 숨거나 무엇을 숨기는 행위는 수치심을 경험하는 사람은 누구나 반사적으로 보여주는 반응입니다. 자신의 실패나 추함을 '다른 사람'이 발견할 수 없도록 하는 것입니다. 어린 시절 성적 학대를 경험한 데이브 ^{Dave} 는 수치심을 "자기 자신이 근본적으로 나쁘고, 모든 사람은 그것을 알고 있으며, 지금 그 사실을 모르는 사람들도 결국에는 알아차리리라는 생각"이라고 설명합니다. [7] 종종 수치심과 죄의식이라는 용어는 동의어로 취급되지만, 두 단어는 분명한 차이를 갖고 있습니다. 죄의식은 도덕적으로 잘못된 일을 했거나, 자신이나 남을 괴롭히는 결과가 나타났을 때 경험하는 반응입니다. 그러나 수치심은 자신에게 깊은 결점이 있으며, 그것을 아무도 보지 못하게 해야 한다는 생각입니다. 자신의 내면에 담긴 이상적인 모습을 실현하지 못했을 때 사람들은 체면을 구겼다고 생각하거나 굴욕감을 느낍니다. 수치심을 느끼는 사람은 패배감, 남이 나를 비웃고 있다는 느낌, 열등감과 스스로가 무가치하다는 생각을 가집니다. 마치 발가벗겨진 것처럼 말입니다. 이처럼 수치심은 자신의 인격과 사회적 관계와 관련되어 있습니다. 또한 두려움과도 밀접하게 연결되어 있습니다. 가족이나 동료, 적대자 앞에서 한없이 쪼그라드는 것 같은 느낌, 수치심은 이렇게 두

---

6   Watson, 2005, p. 5

7   Watson, 2005, p. 3

려움과 이어집니다. [8]

수치심의 긍정적 측면에 대해 이야기하는 사람도 있습니다. 랍비였던 임마누엘 쟈코보비츠 *Immanuel Jakobovits* 는 타임즈 신문에 유명한 사설하나를 기고합니다. 그는 수치심을 하나의 고통으로 비유하는데, 우리가 고통을 느낄 때는 문제 해결을 위해 의사의 조언을 구하지 않느냐고 묻습니다. 그런 방식으로 우리는 건강을 되찾습니다. 고통이 없다면 우리는 병든 지도 모른 채 죽음을 기다려야 할 것이라고 말하며 이렇게 덧붙입니다.

> 수치심은 도덕적 건강에 같은 역할을 한다. 수치심이 없다면 우리는 야수처럼 뛰놀게 될 것이다. 아담과 이브가 수치심을 느꼈을 때, 그들은 비로소 옷을 입었다. … 오늘날 수치심은 뻔뻔스러운 상스러움에 자리를 내어주고 있다.

그는 이 사회의 질병은 "사람들이 수치심 없이 동거하고, 유산하며, 이혼하고, 다시 아이를 가지는" 데서 비롯한다고 주장합니다. [9] 그러나 도덕적으로 수용되지 못할 행동을 해결하는 유용한 해결책이 수치심일 수는 없습니다. 어느 연구 결과에 따르면 죄의식은 수치심만큼이나 강렬하면서도 긍정적인 영향을 미칩니다. 그러나 수치심은 파괴적인 영향만을 미칩니다. 자신이 한 행동에 대해 기분이 나빠지면서 뒤따르는 불편함은 우리가 행동을 바꾸고 개선할 동기를 유발합니다. 그러나 수치심은 우리가 변할 수 있고 개선될 수 있다는 믿음을 갉아먹습니다. 따라서 수치심을 사람들을 변화시키는 좋은 수단으로

---

8   Nicolls, 2001, p. 234

9   Harper, 'The Family in Danger', p. 1

여기는 태도는 위험합니다. 이 감정은 반사회적 태도를 줄이기는커녕 더 높은 비율로 중독과 폭력, 공격성과 우울, 식이장애와 따돌림 같은 사회 문제를 일으킵니다. 수치심이 긍정적인 생활방식을 선택하도록 사람들을 이끈다는 객관적인 증거는 없습니다. 반면에 수치심이 가족과 사회 전반에 심각하고 파괴적인 결과를 가져왔다는 사례는 수없이 보고되고 있습니다.[10]

지난 12년간 질적 연구에 전념했던 브린 브라운 *Brene Brown* 은 수치심이 부요한 서구사회에 전염병과 같은 위치를 차지했다고 말합니다.[11] 중독과 정신질환 발생빈도가 급격히 높아지고, 성과와 법적해결을 중심으로 성공을 추구하는 조직 안에서 희생양을 만들고 서로를 비난하는 사례가 급속히 증가하고 있습니다. 브라운은 이 사태가 희소성 *scarcity* 에 대한 집착에서 비롯됐다고 봅니다. 그녀는 말합니다.

> 희소성에 대한 집착은 구성원 모두가 결핍을 느끼는 문화에서 번창한다. 안전과 사랑, 돈과 자원까지 모든 것이 제한되고 부족해 보인다. 우리는 얼마나 원하고 얼마나 가졌는지, 또 얼마나 갖지 못했고 다른 사람은 얼마나 가졌는지, 얼마나 부족한지를 계산하며 과도하게 시간을 낭비한다. 끝없는 평가와 비교를 통해 스스로를 패배자로 만드는 이유는 우리가 도달할 수 없는 것, 언론이 보여주는 완벽한 이상에 비추어 우리 삶을 판단하기 때문이다. 다른 사람들이 더 많이 갖고 있다는 환상에 우리 실재를

---

10   Brown, 2012, pp. 72-3

11   Brown, 2012, p. 22

우겨넣는 것이다. [12]

자신을 공동체 신학자 *community theologian* 라고 설명하는 앤 모리쉬 *Ann Morisy* 는 앞서 브라운이 설명한 증상을 '디스토피아적 시대' *dystopian times* 의 징후라고 이해합니다. 다시 말해 '잘못된 세상'이라는 것이지요. [13]

전문가들은 수치심에서 비롯한 행동들이 증가하는 이유를 설명하려 애썼습니다. 스티브 패티슨 *Steve Pattison* 은 『수치심: 이론, 치료법, 신학』 *Shame: Theory, Therapy, Theology* 에서 하나의 대안을 제시합니다. 이전 시대에는 사회적 역할이나 위치의 힘으로 한 개인을 제약할 수 있었습니다. 개인이 차지한 위치에 기대되는 적절한 행동이 규정되어 있던 것입니다. 그리고 사회 전반에 세워진 체면이라는 울타리는 사람들이 자신에게 기대되는 행동을 벗어나기 어렵게 했습니다. 기대에 벗어나는 사람이 있다면 공동체 전체가 개인에게 수치심을 안겼지요. 그러나 우리가 사는 이 시대는 외부의 제약 조건으로 인해 한 개인의 정체성이 제약받지 않습니다. 정체성은 개인의 자아의식에 의존합니다. 개인이 택할 수 있는 정체성/페르소나는 무수히 많고, 지리적으로 뿌리내린 공동체에 소속되어야 한다는 제한도 무용지물이며, 우리는 자유롭게 떠돌며 우리 자신을 새롭게 바꿔 만들 수 있습니다. 그래서 수치심은 내면에 잠재되어 있다가, 우리가 드러내는 거짓된 이미지가 발각될 것이라는 불안감이 엄습할 때 표면으로 떠오릅니다.

이 시대는 아마 '수치심의 시대'라고 표현하면 적절할 것 같다. 근대 사회학 이론가들이 옳다면 우리는 자의식에 과도하게 매

---

12   Brown, 2012, p. 26

13   Morisy, 2009, p. 3

달리고, 자기 자신만을 성찰하는 시대에 도달했다. 개인은 전통적 구조와 관계로부터 분리되었다. 전통적인 역할과 기대, 규범은 이들을 떠받치는 실천과 의식 *ritual* 과 함께 추락해버렸다. 고정된 규칙에 수반되는 죄의식은 수치심보다 덜 중요해졌다. 수치심은 끊임없이 변하는 세상에서 자아에 대한 불확실성과 동행한다. [14)]

이들의 말이 옳고 우리가 수치심이라는 거대한 문제를 갖고 있다면, 성서는 이 주제에 대해 무엇이라 말하며 예수님의 구원사역은 어떻게 이 시대에 희망과 평화를 불러올 수 있을까요?

신학과 수치심

우리는 창세기의 타락 이야기에서 수치심을 발견합니다. 금지된 과일을 먹은 아담과 이브의 불순종의 결과는 그들 자신이 벌거벗었음을 알고 두려워하며 주님으로부터 숨는 것이었습니다.

> 그러자 두 사람은 눈이 밝아져 자기들이 알몸인 것을 알고 무화과나무 잎을 엮어 앞을 가렸다. 날이 저물어 선들바람이 불 때 야훼 하느님께서 동산을 거니시는 소리를 듣고 아담과 그의 아내는 야훼 하느님 눈에 뜨이지 않게 동산 나무 사이에 숨었다. 야훼 하느님께서 아담을 부르셨다. "너 어디 있느냐?" 아담이 대답하였다. "당신께서 동산을 거니시는 소리를 듣고 알몸을 드러내기가 두려워 숨었습니다." (창세 3:7~10)

14　Pattison, 2000, p. 142

그들은 수치스러웠다. 프로이트와 그의 제자들이 주장하듯 자신의 성을 발견했기 때문이 아니라, 완전히 노출되어 하느님의 거룩함으로부터 숨을 곳이 없었기 때문이다(10절). 두려움과 수치심은 분리할 수 없이 연결돼 있다. 둘 다 하느님과의 관계와 서로의 관계가 깨지면서 나타난 결과였다. [15]

수치심 경험에 뒤따르는 결과는 희생양을 찾는 일입니다. 자신의 선택에 대한 책임을 피하기 위해 비난할 다른 대상을 찾는 것입니다. [16] 그러나 하느님은 그들의 행동에 상응하는 처벌로 아담과 이브를 대하지 않으십니다. 하느님은 벌거벗은 몸에 옷을 걸쳐주는 행동으로 치유와 회복을 시작하십니다. 그들이 저지른 행동에도 불구하고, 진정한 자기 자신을 되찾기를 바라십니다. 하느님은 여전히 그들을 사랑하고 받아들이시며, 그들이 소중하고 돌볼 가치가 있음을 보여주십니다. [17]

구약성서에서 수치심은 오염과 전염을 피하기 위한 배척과 연관돼 있습니다. 전염병은 공동체에 무정부 상태를 유발하고, 죽음을 가져올 수 있었습니다.

우리가 알고 있는 그 이상으로 이스라엘의 죄 문제는 불결한 사람과 관련되어 있다. … 그들로부터 국가를 깨끗하게 보호하는 문제에 가까웠다. [18]

---

15   Nicholls, 2001, p. 236

16   Pattison, 2000, p. 114

17   Watson, 2005, p. 18

18   Green and Baker, 2000, p. 157

수치심은 적절하고 정당한 명예를 얻는 것과 대조를 이루었습니다. 이러한 생각은 예언자들, 특히 예언자 예레미야의 메시지에서 분명하게 드러납니다. 그의 예언이 드러내는 수치심은 마땅히 하느님께 충성해야 할 이스라엘 백성이 충성을 포기할 때 나타납니다. 인간의 반역은 하느님께서 아버지와 친구로서 베푸는 관계를 거부하는 일입니다. 회개는 백성들이 자율적으로 저지른 불명예를 인정하는 일이었습니다. 이스라엘 백성에게 회복이란 하느님과의 관계를 다시 회복하고, 다시 화해로 나아가는 것이었습니다. [19]

복음서에서 예수님의 가르침과 기적은 새로운 시대를 엽니다. 수치심은 그리스도를 통해 회복된 관계 안에서 다루어집니다. 혈루병을 치유 받은 여인(루가 8:43~48)은 단지 신체적인 증상만 치료받은 것이 아닙니다. 예수님은 그녀에게 다가가 그녀를 보듬고, 그녀의 부정함을 받아들였으며, 그녀 자신도 받아들여질 수 있는 존재임을 선언하셨습니다. 배척과 소외의 세월을 넘어서 관계의 희망을 그녀에게 선물하신 것입니다. [20] 이 만남이 보여주듯 예수님은 우리의 수치심 안으로 들어와 그것을 짊어지시고 영원히 제거해주십니다. 그분은 당시 혼외 임신이 불러오는 사회적 낙인을 알고 계셨고, 스스로 하층민에 속하셨으며, 추방자들과 함께 식사하시며 어부와 세리를 가장 친한 친구로 두셨습니다. [21]

예수님의 구원 활동은 루가의 복음서 15:11~32에 등장하는 잃어버

---

19   Musk, 1996, pp. 164-5

20   Watson, 2005, pp. 20-1

21   Green and Baker, 2000, p. 164

린 두 아들 비유를 통해 표현됩니다. 이 이야기는 수치심에 관한 것입니다. 여기서 나이 든 아버지는 둘째 아들을 맞이하기 위해 달려가서, 그의 수치심을 끌어안습니다. 둘째 아들은 아버지가 돌아가시고 나면 아버지가 소중히 모아온 재산을 탕진하겠다던 인물입니다. 첫째 아들은 동생을 위한 잔치에 참여하지 않음으로써 아버지를 더욱 수치스럽게 만듭니다. 그러나 아버지는 첫째 아들까지 보듬으며 수치심을 완전히 끌어안습니다. 예수님은 이 이야기가 하느님과 인간에 관한 이야기임을 암시하십니다. 하느님은 영광과 존엄이 가득한 사랑의 아버지인 동시에 세속적인 아들 때문에 명예를 잃고 굴욕을 당하는 아버지이십니다. 하느님 나라의 방법은 하느님이 아들로 세상에 오셔서 직접 불명예를 당하시고, 수치심을 끌어안으심으로써 죽기까지 고통당하는 것입니다. [22]

수치심에 사로잡힌 문화를 구원하기

앞서 선교 상황에서 마주한 수치심 문제에 대해서, 그리고 수치심을 이해하고 극복하기 위한 성서적 기초를 찾았다고 언급했습니다. 이제 우리가 발견한 복음으로 수치심에 사로잡힌 문화와 어떻게 소통할 것인지에 대해 살펴보려 합니다. 일본이 대표적인 사례입니다.

노만 크라우스 *Norman Kraus* 는 일본으로 갔던 선교사입니다. 그는 일본에서 상황신학적 접근을 시도했습니다. [23] 크라우스는 일본 사람들이 정의 *justice* 에 대해 서구 사람들과는 다르게 생각한다는 점을 재

---

22 Musk, 1996, p. 164

23 Green and Baker, 2000, p. 153

빨리 파악했습니다. 그들은 우리가 저지른 죄 때문에 예수님께서 대리형벌을 받았다는 설명을 이해하지 못했습니다. 크라우스 연구자들은 말합니다.

> 수치심이 문화, 심리 발달의 측면에서 중요한 요소로 여겨지는 곳에서는 법적 형벌의 위협보다 관계 *relationships* 와 이상 *ideals* 이 더 설득력을 갖는다. [24)]

사람들 앞에 공개적으로 노출되는 것과 당사자를 배척하는 것이 행동을 규제하는 데 더 효과적인 수단으로 여겨집니다. 이곳은 사회관계와 상호의존성이 가장 중요한 요소로 이해되는 장소이기 때문입니다. 반면, 용서는 거의 불가능합니다. 자신의 잘못을 고백하여 죄를 용서받는 일은 수치심을 복잡하게 만들 뿐입니다. 죄를 무시하는 것도 불가능합니다. 속죄는 죄를 저지른 자기 자신을 배척할 때만 가능한데, 다시 돌이켜 화해하고 공동체의 구성원으로 사는 방법은 존재하지 않습니다.

> 궁극적인 자기 배척의 행위인 자살(할복切腹)은 이 딜레마를 축약해 보여준다. [25)]

이러한 역동을 가상의 사건으로 구성한 「레미제라블」 *Les Miserbles* 은 주목할 만합니다. 장발장은 이야기의 중심인물인데, 그는 첫 장면에서 다른 죄수들과 함께 사슬에 묶여 쟈베르의 감시를 받습니다. 장발장은 고생에 익숙하고, 빵을 훔쳤다는 이유로 형벌에 처한 당시의 '정

---

24 Green and Baker, 2000, p. 158

25 Green and Baker, 2000, p.161

의'에 적개심을 품고 있습니다. 감옥에서 벗어나더라도 그는 다시 일할 수 없습니다. 가난만이 그를 기다릴 뿐입니다. 교회 문 앞에서 서성이던 그를 한 사제가 맞아들입니다. 사제는 장발장을 귀한 손님으로 대접하지만, 장발장은 교회의 성물을 훔쳐 달아납니다. 그러나 사제는 그를 용서합니다. 장발장이 경험한 용서와 조건 없는 사랑은 그가 적개심을 버리고 새로운 정체성을 갖게 해줍니다. 장발장은 이제 다른 이들에게 연민을 느끼고 그들을 돌봅니다. 진실하게 살아가며, 정의로운 노동자가 되어 결국 시장이 됩니다. 그리고 부당하게 추방된 고아 코제트를 보살핍니다. 하지만 경감이 된 쟈베르는 장발장의 선의를 여전히 의심합니다. 쟈베르에게 장발장은 여전히 가난하고 적개심 넘치는 도둑일 뿐이었습니다. 장발장은 코제트가 사랑에 빠진 혁명가 청년을 구하면서, 쟈베르를 죽이고 의심받으며 도망하던 세월을 끝장낼 기회를 얻습니다. 그러나 그는 자신의 마음을 돌이켜 자신이 받았던 용서와 조건 없는 사랑을 쟈베르에게도 베풀었고, 쟈베르는 도망치고 맙니다. 도망쳤던 쟈베르는 자신이 장발장의 도움을 받았다는 사실을 인정하지 못하고 수치심에 시달리다 결국 목매어 자살하고 맙니다. 장발장은 죽기 전에 수녀원에 마련된 고해소를 찾았고, 거기서 코제트와 그의 남편은 장발장의 실체와 그의 사랑을 깨닫습니다. 장발장은 하느님과 사랑하는 사람들 곁에서 평화롭게 숨을 거둡니다.

이 이야기는 우리의 진정한 자아와 세상에 내보이기 위해 세워가는 거짓 자아 사이의 간극이 빚어내는 수치심이 어떻게 작용하는지 훌륭하게 묘사합니다. 장발장이 안전하게 지내기 위해 자신의 실체를 숨기고 사회적으로 용납될 만한 정체성을 만들어야 했던 것처럼, 우리는 진정한 자아가 다른 사람의 눈에 드러날까 전전긍긍하며 삽니다. 잘못된 일을 저질렀다는 죄의식보다 사랑받을 자격이 없다는 수치심, 그리고 실체가 드러나면 거부당하고 배척당하리라는 두려움으로 더 고통받습니다.

쟈베르가 믿던 그리스도교와 수치심에 뿌리 내린 문화에서는 법을 위반하면 안 되고, 잘못은 처벌받아야만 극복됩니다. 자살 말고는 수치심을 벗어날 길이 없습니다. 그러나 우리를 해방하는 것은 그리스도의 희생을 통해 드러난 사랑입니다. 예수님을 믿는 것은 우리의 죄의식뿐만 아니라 수치심까지 이겨내는 일입니다. 「레미제라블」의 그 사제처럼 하느님은 우리 잘못을 드러내지 않으시고 용서해주시며, 새롭게 시작할 수 있도록 희망을 주십니다. 우리는 진짜 자아를 숨길 필요가 없습니다. 거룩하신 그분은 우리의 고유함이 드러내는 아름다움을 보시고, 이에 기뻐하시기 때문입니다. 장발장의 진정한 자아와 사랑으로 세워진 자아가 하나가 되듯이, 그리스도의 수치스러운 죽음은 그분의 사랑이 어느 정도인지, 이상과 현실 사이를 조화시키는 그분의 잠재력이 어느 정도인지를 보여줍니다. 우리가 정체성을 회복하고, 삶의 목적을 발견하며 의미 있는 관계의 가능성을 찾아 우리 안에서 조화시키는 일은 수치심을 극복하는 은총을 경험하는 데서 가능해집니다.

이와 비슷한 방식으로 그리스도의 삶과 죽음은 일본 문화에서도 수치심 문제와 만납니다. 연구자들은 말합니다.

크라우스는 십자가가 하느님의 사랑을 드러내고 대리적 동일시 *vicarious identification* 를 통해 거짓 수치심을 드러내며, 격리를 제거함

으로써 사람들을 자유롭게 한다는 것을 발견했다.[26)]

예수님은 우리의 수치를 자기 것으로 받아들여 십자가에서 죽기까지 하셨습니다. 억압하고 통제하기 위해 법과 관습을 남용하는 권력을 드러내기 위해 수치를 당하고 죽으셨습니다(골로 2:15). 이 십자가는 일본 문화에 담겨있는 '부적절한 수치심 주기 *inappropriate shaming* '라는 거짓에서도 사람들을 해방시킵니다. 마침내 "잘못된 수치심을 드러내고, 우리 안에 있는 진정한 실패를 사랑으로 치유하면서, '죄인의 친구'이신 예수님은 우리를 서로에게서, 그리고 하느님에게서 격리하는 낙인과 적개심을 제거"하셨습니다.[27)]

법과 처벌, 관계와 이상 중에 어떤 주제가 고도로 개별화된 서구 상황에 잘 들어맞을까요? 포스트모던 시대에는 관계와 이상이 법과 처벌의 위협보다 더 중요하게 다가옵니다. 사람들은 악화된, 그리고 더 단단하게 강화된 수치심을 품고 있고, 이 수치심은 오직 자기를 배척함으로써 해결될 수 있다고 여깁니다. 이 사람들에게 "수치심을 치유하기 위해 정결과 포용, 사회적 재통합과 관계회복의 기회"가 주어져야 합니다.[28)]

물론 일본 문화와 영국 문화가 말하는 수치심에는 차이점도 있습니다. 양자는 '타자'를 다르게 이해합니다. 일본 사회의 수치심은 가족과 동료, 넓은 공동체 앞에서 찌그러져 축소되는 일에 대한 반응입니다. 그러나 영국 사회에서 수치심은 자아에 초점이 맞춰져 있습니

26 Green and Baker, 2000, p. 163

27 Green and Baker, 2000, p. 167

28 Mann, 2005, p. 57

다. 우리가 수치심을 겪는 데에는 다른 사람이 필요치 않습니다. 우리
는 다른 사람들이 우리 자신을 보는 것처럼 우리 자신을 보며, 우리의
결점과 모순을 다른 사람들이 잘 알고 있다는 믿음을 가지고 있습니
다. 우리는 타인의 관찰에 예속되어 있다고 생각하며, 생각하는 이상
으로 타인의 시선을 내면화합니다. 아담과 이브가 선악과 열매를 먹
고 지식과 통찰을 얻었듯이, 우리도 우리의 지식을 즐깁니다. 그러나
이 지식에는 사랑이 담겨있지 않습니다 [29]. 우리에게 필요한 것은 우
리의 진정한 자아에 의미를 부여하는 신뢰할만한 이야기입니다. 그래
서 이상화하여 세워둔 가짜 자아 뒤에 숨을 필요가 없어야 합니다. 그
러나 우리는 그럴 수 없다는 것을 잘 압니다. 사회는 계속해서 우리
가 존재하는 거짓 목적을 제시하며 본래 우리 자아가 실현해야 할 과
제를 왜곡합니다. 서로에 대한 지지와 서로에 대한 양육이 담긴 관계
는 불가능해집니다.

> 수치를 당한 사람은 이상적인 자아에 따라 살기를 원한다. 앞뒤
> 가 맞지 않는 이야기보다는 논리에 맞는 이야기를 찾으려 한다.
> 선교의 목적은 복음이 이 열망을 어떻게 충족시키는지 사람들
> 에게 보여주는 것이다. [30]

교회 선교와 새로운 표현을 위한 의미

우리가 가진 신앙 문헌과 전통에는 수치를 당한 사람들이 자신의
진정한 자아와 이상적 자아를 통합할 수 있도록 돕는 이야기가 가득

---

29 Higton, 2008, p. 266

30 Mann, 2005, p. 38

합니다. 쟈넷 데이비스 *Janet Davis* 가 수치심을 문제로 삼기 위해 성서 속 여성들을 활용한 이야기나, 사무엘하 12:1~25에서 나단이 다윗왕의 간음에 대응한 이야기를 예로 들 수 있습니다. 하느님이 우리를 위해 예비하신 은총과 죄에 대한 용서를 깨닫게 되면 우리는 위로를 얻습니다. 우리는 우리가 원하는 만큼 진실해질 수 없지만, 예수님은 죽으심으로써 자신의 참 모습을 우리에게 보여주셨고, 성령님은 우리가 우리 말로 온전히 우리 자신을 표현해내는 능력을 주십니다. 예수님과 성령님에 기댄다면 우리는 각자의 개성과 실패에도 불구하고 공통의 문헌과 전통을 통해 사랑받고 있음을 확인할 수 있습니다. 이를 경험한다면 우리는 현실과 이상을 화해시키는 길을 발견하고, 우리 자신의 일그러진 자화상을 치유할 수 있습니다. 하느님이 우리에게 주신 정체성을 신뢰하며, 타인을 신뢰할 용기를 얻고, 그들이 우리의 진정한 모습을 보도록 허락하며, 우리가 가진 취약함을 드러내 보이는 모험을 감행할 수 있습니다. 이를 통해 우리는 서로를 지지하는 형성하고, 살아 볼만한, 가치 있는 삶을 살아가게 될 것입니다. 결국 그렇게 우리는 구원받습니다.

> 수치심은 처벌에 반응하지 않는다. 수치심을 추방하는 것은 사랑이다. [31]

한 가지 더, 고민할 문제가 있습니다.

> 만성적으로 수치심을 느끼는 사람은 그가 가진 이야기를 지배했던 일그러진 관계를 버리고 살 수 있는 장소로 옮겨지는 순간

---

31 Green and Baker, 2000, p. 163

이 계속해서 유지돼야만 속죄받을 수 있다. 이 순간들을 위해서는 … 안전하고, 공격적이지 않고, 판단받지 않는 공간이 필요하다. 그들이 … 의미 있는 속죄 이야기를 충분히 듣고, 스토리텔링과 상징적 행동과 의식을 거쳐 … 자신들에게 비극적인 삶을 암시하는 존재에 대해 해명할 수 있도록 도와줘야 한다. [32]

이것이 바로 제가 선교공동체에서 이루려 노력하는 것입니다. 저는 수치심이라는 주제에 관해 설교했고, 수많은 글을 써왔습니다. 우리는 우리의 선교 이야기를 공유해 사람들에게 알려왔습니다. 구성원들은 예배와 예술, 성서에서 영감받아 기도와 시편, 우리의 신경 *creed* 을 만들었습니다. 저는 직관적으로 이 길이 우리 공동체가 걸어야 할 길임을 느낍니다. 더불어 제 설교를 듣고, 글을 읽으며, 수치심에 대한 치료를 경험한 사람들 덕분에 이 주제가 모든 교회가 다루어야 할 시급한 과제라는 사실도 깨닫게 되었습니다. 교회의 새로운 표현이 단순한 형식, 스타일의 변화 그 이상이 되려면, 또 새로운 교회의 길을 세우고자 노력하는 사람들이라면 수치심을 회복하는 공동체를 준비해야 한다고 생각합니다. 이를 통해 우리 믿음은 다시 시대에 적절해지고, 진정으로 복음을 필요로 하는 사람들에게 다가갈 수 있을 것입니다. 많은 선교형 교회들은 참여와 창의성, 새로운 의식의 틀을 짜는 데 우선순위를 둡니다. [33] 그러나 저는 이러한 반응은 문화를 관찰하고 전통적인 교회와 단절을 경험한 후에 나타나는 자연스러운 반응일 뿐이지, 우리 사회가 겪고 있는 깊은 질병에 대한 처방이 될 수 없다고

---

32 Mann, 2005, p. 58

33 Gibbs and Bolger, 2006, p. 176

생각합니다. 우리는 조금 더 깊이 나아가야 합니다.

수치심 없는 미래를 향해

수치심을 주제로 연구하던 중에 인상 깊게 남은 글이 있습니다.

> 나는 우리가 다양한 문화와 상호관계에서 수치심과 죄의식이
> 어떻게 기능하는지 이해하지 못했기 때문에, 특히 선진적인 세
> 계관과 깊은 자아 이해를 가진 사람들 속에서 교회가 성장하지
> 못하는 것이라고 믿는다. [34]

저의 모든 독서, 사역 경험은 영국 내 상당수 교회에게 수치심을 극복하는 일이 복음을 적절하고 의미 있게 전하는 열쇠라는 확신을 주었습니다. 우리는 성령님의 이끄심을 따르면서 모험을 감행하려는 신자들, 그리고 그리스도의 새로운 치유와 구원을 전하는 데 필요한 자원을 가지고 있습니다.

그러나 불행히도, 교회들은 여전히 수치심을 강화하는 데 일조하고 있습니다. 고해는 수치심 문제를 복잡하게 하고, 우리가 드리는 예배는 우리 자신이 보잘 것 없다는 느낌, 진정한 자아를 가리는 자부심을 강조하여 드러냅니다. 그래서 저는 '수치심 없는' 예배 양식을 사용하기 시작했습니다. 제가 사용하는 성찬기도 예식문을 덧붙입니다. 이 기도문이 주제에 적절하게 응답하기를 바라며, 예배에 참여하는 모든 이들이 수치심이 아닌 위로와 희망을 발견하기를 바랍니다.

'수치심 없는' 성찬기도 예식문

---

34 Nicholls, 2001, p. 235

주님께서 여기에

우리의 식탁이 차려졌으니

마음을 드높이

부상과 상처를 숨기도록 방패를 치시고

우리 하느님께 감사합시다.

우리는 온 마음과 정성을 다합니다.

우리는 당신 앞에서 멀어져 격리되고 배제되었습니다.

우리는 즐거움 속에서 대안적 존재로 옮겨가기를 바라지만,

여전히 맛을 모르고 먹으며,

서로를 알아보지 못한 채 모이고,

입과 귀에서만 맴도는 대화에 갇혀 있습니다.

그러나 사람이 되신 하느님,

예수 그리스도는 우리를 식사로 초대하십니다.

식탁이 차려졌고

그분은 우리가 자신 곁에 앉기를 기다리십니다.

잔치는 준비됐고 우리 앞에는 좋은 음식이 차려졌습니다.

그분은 우리를 알기 원하십니다.

그분은 우리의 생각과 꿈, 갈망을 알기 원하십니다.

그분을 통해 모든 생명과 사랑, 창조세계의 경험이

가능해졌습니다.

우리는 그분의 선함을 비추고, 새로움의 가능성을 드러냅니다.

그분은 죽기까지 자신의 가르침을 실천하셔서

진정성을 보이셨기에,

우리는 이상적인 자아에게 거는 기대를

짊어질 필요가 없습니다.

감사드립니다.

우리는 우리의 실제 모습을 자유롭게 드러내고,

우리가 하느님의 사랑,

우리와 관계 맺기 원하는 사람들의 사랑을

받을 가치 있는 존재임을 알게 되었습니다.

십자가 위 죽음조차도 그분의 목적을 가릴 수 없었고,

그분은 새 생명으로 부활하셨습니다.

우리가 그분의 약함을 신뢰하기로 선택한다면

우리도 고통과 상실이 믿음과 희망으로 변화할 것임을

기대할 수 있게 되었습니다.

감사드립니다.

예수님은 하느님 나라로 돌아가셔서 우리를 대변해주시지만,

우리에게 조력자 성령을 보내시어,

거룩한 영감어린 비전과 통찰을 허락해 주셨습니다.

우리는 이를 통해 격려받고 그분께 나아갑니다.

예수 그리스도 안에서 우리를 위해 이루어진 모든 일 때문에

우리는 천사들과 성인들과 연합하여 하느님을 찬양합니다.

거룩하시다. 거룩하시다. 거룩하시도다.

예비하시고 현존하시는 하느님

하늘과 땅은 당신 영광으로 가득합니다.

높은 곳에 호산나

주의 이름으로 오시는 이여, 찬미받으소서.

높은 곳에 호산나.

우리가 온전한 삶을 살며

그리스도께서 우리에게 보이신 것처럼

우리 자신과 진정한 하나를 이루게 하시고

당신과 협력할 수 있는 모든 기회를 선용하여
우리 영향이 미치는 모든 곳에서
평화와 치유, 정의를 가져오게 하소서.

입맞춤과 함께 배신당하신 그날 밤에
빵을 떼어, 감사기도를 드리신 다음,
친구들에게 나누어 주시며 말씀하셨습니다.
"받아 먹으십시오. 이것은 여러분을 위해 주는 내 몸입니다.
나를 기억하여 이 예를 행하십시오."
또 식사 후에 잔을 들고 감사의 기도를 드리신 다음,
그들에게 주시며 말씀하셨습니다.
"여러분은 모두 받아 마시십시오.
이는 인간과 거룩한 분 사이에 세우는
새로운 관계의 표시로 내가 흘리는 피이니,
여러분이 자신과 서로에게 주었고,
그래서 서로를 떼어놓게 만들었던
모든 두려움과 후회, 상처를 치유할 것입니다.
마실 때마다 나를 기억하여 이 예를 행하십시오."

그리스도는 죽으셨고
그리스도는 부활하셨고
그리스도는 다시 오십니다.

그러므로 우리는 그리스도께서 주신 자유와 치유를 기억하며
그분이 다시 오셔서 모든 피조물을
아름다움과 온전함으로 회복하시기를 기다립니다.
그때까지 우리가 우리 곁에 있는 사람들 눈에 비친
당신의 영광을 보게 하소서.

우리를 도우시어, 친밀한 관계를 맺어 공동체를 세우게 하시고,
관계의 진정한 가치를 드러내게 하시고,
더 나은 세상을 위한 꿈이 어떻게 현실이 되는지를
일치와 다양성, 상호성 안에서 살아가고 노동하며
드러내게 하소서.
당신의 성령을 내리시어
이 빵이 우리를 지탱하는 당신의 몸이 되고
이 잔이 우리를 화해시키는 당신의 피가 되게 하소서.
당신의 사랑으로 우리에게 능력과 동기를 부여하소서.
우리에게 고통과 실망을 견뎌낼 힘을 주소서.
세상이 강요하는 일그러지고 얄팍한 '좋은 인생'을 사는 일에
만족하지 않게 하소서.
우리가 안전을 느끼며 사랑받고, 정직하며 충실하게 사는
고향에 이르게 하소서.
오직 사랑하시는 창조주와
구원하시는 아들의 능력과 성령을 통해서
모든 열망이 그치는 그날, 우리가 열망하며 얼핏 보았던
모든 것이 드러나게 될 것입니다.

아멘

이 기도문은 수치심에서 자유로운 전례를 준비하려는 하나의 시도입니다. 전통에 충실한 동시에 수치심 문제를 진지하게 다루는 자료를 만들어 하느님과 서로를 화해하도록 촉진하기 위해서는 도전해야 할 많은 과제가 남아있습니다.

결론

사람들이 진정한 자기 자신이 되도록 돕고, 공동체 안에서 사랑과 용서를 깨닫도록 하는 복음을 전하려 애쓴다면, 그리스도교는 포스트모던한 이 시대에 다시 적절성을 회복하리라고 믿습니다. 그러나 수치심에 기반한 이 세계에 살면서 복음을 실천하고, 저항에 직면하며, 우리의 열망을 진정성 있게 반영하는 일은 쉽지 않은 도전입니다. 목적을 달성하기에 우리는 여전히 부족합니다. 저는 교회의 새로운 표현이 교회를 사람들이 더 쉽게 접근할 수 있도록 만드는 것에서 멈추지 않고, 사람들의 내적인 화해와 서로에 대한 용서가 가능한 공간으로 만들어주기를, 더 나아가 사회의 변혁을 이끌어주기를 간절히 바라고 있습니다.

참고자료

Brown, B., 2012, Daring Greatly, New York: Gotham Books.

Davis, J., 2012, My Own Worst Enemy, Bloomington, IN: Bethany House Publishers.

Gibbs, E. and R. K. Bolger, 2006, Emerging Churches, London: SPCK.

Green, J. B. and M. D. Baker, 2000, Recovering the Scandal of the Cross, Downers Grove, IL: InterVarsity Press.

Harper, M., 'The Family in Danger', http://www.harperfoundation.com/files/The_Family_in_danger.pdf.

Higton, M., 2008, Christian Doctrine, London: SCM Press

Mann, A., 2008, Atonement for a 'Sin-less' Society, Milton Keynes: Paternoster.

Morisy, A., 2009, Brothered and Bewildered, London: Continuum.

Musk, B., 1996, 'Honour and Shame', Evangelical Review of Theology 20.2, April.

Nicholls, B., 2001, 'The Role of Shame and Guilt in a Theology of Cross-Cultural Mission', Evangelical Review of Theology, Cambridge: Cambridge University Press.

Thomas, B., 1994, 'The Gospel for Shame Cultures', Evangelical Missions Quarterly 30.3, July.

Watson, J., 2005, Shame, Cambridge: Grove Books.

6장.
'죄'를 다시 생각하기-2

엠마 내쉬 *Emma Nash*

저희 집에서 1마일쯤 떨어진 곳에는 자그마한 교회가 있습니다. 이 교회는 복잡한 도로 바로 옆에 자리 잡고 있는데, 자동차에서 신호를 기다리는 사람들은 교회 게시판을 볼 수 있을 정도입니다. 화려한 색이 칠해진 포스터 2개가 게시판에 붙어 있었습니다. 둘 다 흠정역 성서 구절을 인용하고 있었는데, 왼쪽 포스터에는 녹색 바탕에 노란색 글씨로 "그 죄가 너희 덜미를 잡으리라"(민수 32:33)가, 오른쪽 포스터에는 노란색 바탕에 녹색 글씨로 "오, 하느님 죄 많은 저에게 자비를 베풀어 주십시오"(루가 18:23)라는 구절이 적혀 있었습니다. 자동차를 타고 지나가는 사람들은 이 구절들을 읽으며 어떤 생각을 할까요? 분명 교회 구성원들은 행인들이 스스로가 죄인임을 깨닫는 게 중요하며, 그들이 하느님의 자비를 청할 수 있다고 믿고 있을 것입니다. 그런데 저는 묻고 싶습니다. 21세기 영국에 사는 사람 중에 자신이 용서가 필요한 죄인이라고 생각하는 사람들이 얼마나 될까요? 보통 사람들을 죄인이라 주장하는 이 문구에 행인들은 어떻게 반응할까요?

존 피니 *John Finney* 는 그의 책 『오늘의 믿음을 찾아서』*Finding Faith Today* 에서 사람들이 그리스도교인이 되는 방법에 관해 연구한 결과를 정리해 두었습니다. 이 연구는 1년 동안 자신이 그리스도교인이라 고백했던

500명 이상의 참여자들에게 설문조사와 인터뷰를 실시해 진행됐습니다. 충격적인 사실은 다양한 그리스도교 교파 출신 참여자들 중 대다수가 죄와 용서에 대한 그리스도교 개념을 이해하지 못했다는 점입니다. 신앙을 고백하는 동안 느끼는 죄의식에 대한 질문에 61%의 응답자들은 '죄의식이 없다' 혹은 '모르겠다'고 대답했습니다. 이들은 며칠 전에도 신앙고백을 했고 자신의 교파 안에서 믿음 좋은 신자로 여겨지는 사람들입니다. 그런데 많은 이들이 "신자가 되려 할 때 기본 조건으로 여겨지는 것이 무엇인지 이해하지 못하는 것 같았습니다".[1]

현대 그리스도교 런던연구소 London Institute of Contemporary Christianity 는 최근 교회를 나가지 않는 사람들이 그리스도교와 교회에 대해 어떤 태도를 취하는지 조사했습니다. 연구 책임자 닉 스펜서 Nick Spencer 가 발견한 것은 인터뷰 참여자들이 자신을 도덕적 기준이 높은 사람이라고 주장하지만, '도덕'의 기준이 외부에서 주어지는 것이 아니라 자기 자신에 의해 정해진다고 생각한다는 점을 발견했습니다. 이에 더해 콜린 그린 Colin Greene 은 오늘날 죄와 십자가라는 신학 주제가 더 이상 보편적인 도덕 기반으로 받아들여지지 않는다고 말했습니다. 도덕적 가치관은 개인이 결정하는 문제이므로, 하느님 앞에서 우리 죄를 자복하는 그리스도교 죄 개념은 심각하게 약화되었습니다. 당연히 그리스도의 대속하시는 죽음 또한 "오늘날의 자기 인식과 연결되지 않습니다".[2] 타자가 개인에게 도덕률의 기준을 제공하는 일이 불가능하다면, 올바른 행동은 개인 문제에 불과하고, 옳고 그름은 개인에 의해 결정될 사

---

1   Finny, 2004, pp. 50, 90-1

2   Greene, 1995, p. 228

안이 되고 맙니다. 올바른 행동이 무엇인지 규정하는 보편적인 법, 그 법을 위반하면 분노하는 거룩한 재판관 개념은 오늘날 매우 낯선 것이 돼버렸습니다.

앨런 만 *Alan Mann* 은 자신의 책 『'죄 없는' 사회를 위한 대속』 *Atonement for a 'Sinless' Society* 에서 포스트모던 문화를 치밀하게 분석합니다. 그는 우리가 죄의식이나 죄에 대한 인식 없는 사회에 산다고 주장합니다. 이제 사람들에게는 이웃과 하느님과의 관계 모두에서 '타자'에 대한 인식이 희미해졌다고 말합니다. 죄 개념은 개인 바깥에 존재하는 중재자를 뜻하기에 개인이 모든 것의 기준으로 우뚝 선 지금 시대에는 아무런 의미도 갖지 못합니다. 만은 월터 브루그만 *Walter Brueggemann* 을 인용해 우리가 사는 사회를 "이웃이 되는 훈련, 즉 타인에 대한 관심이 사라져버린 자기 충족적인 사회"라고 규정합니다. [3] 그의 말이 맞다면 죄에 관한 전통적인 교리는 현재를 사는 우리에게 더 이상 의미가 없습니다. 하느님의 도덕률을 어긴 죄의식 많은 사람들이 느끼는 감정을 묻는 일은 그만큼 난감한 일이 되었습니다.

이러한 상황은 선교에 큰 걸림돌로 작용할 것이 분명합니다. 회심은 보통 하느님을 향해 자신의 죄를 고백하고 회개하는 일이라고 이해되었기 때문입니다. 제가 속한 침례교 전통에서 회개는 세례에 앞서는 필수적인 조건입니다. 영국 침례교는 세례에 대해 이렇게 말합니다.

> 그리스도교 세례는 하느님을 향해 회개하는 일이다. 성서에 따

---

3   Mann, 2005, pp. 4-26

라 우리 죄를 위하여 죽으시고 묻히셨으며 삼일 만에 다시 살아
나신 우리 주 예수 그리스도를 믿는 믿음을 고백하는 사람들에
게 아버지와 아들과 성령의 이름으로 침례한다. [4]

하느님을 향한 회개와 "우리 죄를 위하여 죽으신" 그리스도에 대한
믿음은 침례교가 간직한 회심 이해의 핵심입니다. 죄에 대한 개인적
확신과 죄에서 돌아서려는 열망은 세례를 받아 예수께 평생의 헌신을
서약할 때 필수적인 요소들입니다.

복음주의 신학자 존 스토트 *John Stott* 는 회심을 이렇게 설명합니다.

사람들은 양심이 흔들리기 시작하며, 회개의 필요성을 알아차
린다. 성령님이 그들의 눈을 여시고, 그들은 예수 그리스도 안에
서 자신들이 열망하던 구원자를 보게 된다.

존 스토트는 우리가 죄의식을 느끼든 느끼지 못하든, 모두 하느님
앞에서 죄인이라고 주장합니다. 우리 양심이 흔들리고, 죄를 인식하
며, 방향을 돌려 하느님께 향할 때 우리는 회심하고 그리스도의 구원
을 받아들입니다. [5] 리처드 피스 *Richard V. Peace* 는 회심을 "생각을 돌이키
는 것"이라고 설명합니다. 그는 신약성서에서 '회심'을 뜻하는 헬라
어 에피스트레포($\epsilon\pi\iota\sigma\tau\rho\epsilon\phi\omega$)는 '방향을 돌이켜 반대 방향으로 나아가
는 것'을 의미한다고 말합니다. 그는 이와 관련된 단어 메타멜로마이
($\mu\epsilon\tau\alpha\mu\epsilon\lambda\omega\mu\alpha\iota$)도 고려합니다. 이 단어는 과거의 실패에 대한 유감을 뜻
합니다. 신약성서에서 사용된 '회심'이란 말은 사악한 길을 걷는 와

---

4 http://www.baptist.org.uk/Groups/220595/Declaration_of_Principle.aspx.

5 Stott, 1975, pp. 100-15

중에 하느님께 돌아서는 일과 관련돼 있고, 이 행위는 죄의 용서를 가져옵니다. [6]

그런데 사람들의 '양심이 흔들리지' 않는다면, '사악한 길'을 인식하지 못하더라도 전통적인 의미의 '회심자'가 될 수 있을까요? 오늘날 많은 사람들은 자신에게 회개할 거리가 있다고 생각하지 않는 듯합니다. 회개가 없다면 회심은 가능한 걸까요? 회심이 없다면 구원은 성립할 수 있을까요? 구원이 회개에 의존하는 개념이라면, 자신을 죄인이라고 생각하지 않는 사람들은 구원받을 수 없습니다. 죄와 죄의식이 없는 문화에서 그리스도교의 복음은 사람들이 자신을 어떻게 바라보는가와 연결되지 못하고, 십자가와 그리스도교 신앙의 중심에 있는 신비는 힘을 잃고 맙니다. 전통적인 방식으로 회심을 이해해왔던 신자들에게 이 문제는 매우 구체적이며 중대한 것입니다. 그리고 이러한 인식은 대속 신학에 큰 문제를 일으키고, 죄의 극심함과 인간해방에 결부되는 끔찍한 형벌을 강조하던 속죄 신학에 크나 큰 도전으로 다가옵니다.

연구 요약

존 피니의 연구가 있은 지 20년이 지났습니다. 그의 저서 『오늘의 믿음을 찾아서』에 감명 받은 저는 그리스도교에 새롭게 참여한 사람들의 믿음에 대해 연구하기로 결정했습니다. 최근에 그리스도교 신앙을 고백한 사람들은 예수님이 자신들을 무엇으로부터 구원했다고 믿는지 알아보려 했습니다. 회심에 앞서 자신들을 '죄인'이라고 생각하

---

6   Peace, 1999, pp. 244, 346-51

는지, 그렇다면 어느 정도로 그렇게 생각하는지, 자신들이 사용하는 이 단어의 뜻이 무엇이라 생각하는지 알고 싶었습니다. 저는 가능한 한 최근에 회심을 경험한 사람들을 연구 대상에 포함시키려 했습니다. 그들은 교회의 가르침으로 덧입혀지거나 재해석되지 않은 날 것 그대로의 생각과 감정을 지니고 있을 것이기 때문입니다.

참여자의 연령은 다양했습니다. 최연소자는 18세였고, 최고령자는 70대였으며 남성 5명, 여성 6명으로 성비 균형도 맞췄습니다. 저는 그들에게 자기 자신의 이야기를 해달라고 요청했습니다. 그리스도교인이 된다는 것이 무엇을 뜻하는지 자기 자신의 방식대로 이야기해주면, 저는 그 이야기 안에서 의미를 찾아내려고 했습니다. 인터뷰 과정 중에 제가 의도한 반응을 강제하지 않으려 무척 고민했고, 인터뷰 이후에는 녹음된 이야기를 들으며 참여자들이 얼마만큼 자신을 용서가 필요한 죄인이라고 생각하는지 확인하려 했습니다. 그리고 죄에 대한 용서가 아니라면 무엇이 그들을 그리스도교로 이끌고 왔는지 찾아보려 했습니다. 죄로부터 구원받지 않았다면 그들은 무엇에서 '구원'받은 것일까요? 침례교 신자들은 대개 죄와 회심을 강조하는 전통적인 교리를 신뢰하고, 그리스도교의 신앙에 맞추어 일상의 결정을 내려왔습니다. 저는 침례교에서 신앙생활을 하는 참여자들이 그리스도의 속죄와 회개의 필요성, 인격적이고 지적인 믿음에 대한 분명한 가르침을 받았으리라 기대했습니다. 참여자 중 몇 명이 죄와 십자가에 대해 이야기 하는지 살피는 일은 매우 흥미로웠습니다.

제가 던졌던 두 가지 질문은 존 피니의 1992년 연구에서도 사용된 것들입니다.

● 당신이 표시한 기간 동안 그리스도교 메시지에서 특별히 마음이 이끌렸던 부분이 있었나요?

● 자신이 어떻게 느꼈는지 서술하십시오. 예를 들어 '그리스도교인 이었던' 기간 동안 당신은 무엇을 느꼈나요?

(a) 나는 일반적인 죄의식을 느꼈다.

(b) 나는 특정한 어떤 것에 죄의식 또는 수치심을 느꼈다.

(c) 나는 죄의식이나 수치심을 전혀 느끼지 않았다.

(d) 모르겠다. [7]

저는 죄의식에 관한 질문을 가장 마지막에 배치했습니다. 죄와 죄의식에 관해 말하도록 유도하지 않더라도 그들이 죄에 대해 말하는지 보고 싶었기 때문입니다. 11명 중 8명이 죄의식을 갖고 있었다고 답했습니다.

"하루도 그냥 지나가지 않았어요. … 떠오르는 장면이 있어요. 매일은 아니지만 이틀에 한 번 정도... 뭔가 마음에 다시 생각나고, '어머나, 내가 정말 그렇게 했었나?'하고 놀라요. 제 자신이 역겨워졌어요."

한 참여자는 질문을 이해하는 데 어려움을 겪었습니다. 그러나 마침내 이렇게 말했습니다.

"죄의식이라는 말보다는 책무감이라는 말이 어울릴 것 같아요. … 네. 죄의식은 어떤 일도 해내지 못하고 기분만 나쁘게 하는

7　Finney, 1992, pp. 90, 49

쓸모없는 감정이에요. 반면 책무감은 문제가 있음을 인정하고, 이제 변화하기 위해 책임을 지는 거예요."

이 사람이 했던 말은 흥미로웠습니다. 그는 이어서 말했습니다.

"하느님이 제게 책임을 지웠다는 게 아니에요. 제 스스로가 불만족하는 무언가가 있고, 변해야 할 무언가가 있다면 ⋯ 결국 책임을 질 수 있는 유일한 사람은 저밖에 없어요. 그러니 변화를 만들어야 할 사람도 저예요."

이 참여자는 외적인 도덕률에 자신이 얽매일 수 있다는 생각을 계속 거부했습니다. 그는 하느님이 아니라 자기 자신이 짊어진 책무감을 말하고 있었습니다.

참여자 중 세 사람은 죄의식이 전혀 없다고 답했습니다. 그 중에서 가장 연장자였던 참여자는 죄를 저지를 만한 자극으로부터 격리된 삶을 살았기에 다른 사람들보다 죄의식을 덜 느낀다고 말했습니다.

"저는 많은 이들이 경험했던 마약과 술, 뭐 이런 것들을 해본 적이 없어요. 그래서 다른 사람들이 느낀다는 그런 감정을 갖고 있지 않아요."

그보다 훨씬 젊은 사람과 죄의식에 관해 대화하면서 죄와 용서가 삶의 여정에서 중요했었는지를 물었습니다. 그녀는 이렇게 답했습니다.

"그런 훈련을 받으며 성장했지요. 그렇지만 ⋯ 그게 중요한 문제는 아니었어요. 그리스도교에서 따라야 하는 규칙 중에 하나죠.

하지만 그것 때문에 그리스도교인이 된 것은 아니에요. … 그리
스도교에는 사랑이란 말만 있는 게 아니에요. 모든 것에는 훈련
이 필요해요. 자기 자신에 대한 훈련 말이에요. 궁극적으로 제가
말하고 싶은 건, 그리스도교인은 '되어가는 일 becoming*'과 관련되*
어 있다는 것이에요."

이 대화는 그녀가 그리스도교 가정에서 자랐고 꾸준히 교회에 나갔
지만, 죄와 용서가 그리스도교 신앙의 중심에 있다고 생각하지 않는
다는 사실을 보여줍니다.

11명의 참여자 중 8명은 죄의식 또는 수치심을 언급했습니다. 죄의
식과 수치심에 관한 질문은 인터뷰 가장 마지막에 있었습니다. 질문
자의 의도에 의해서가 아니라 스스로 죄의식과 용서에 대해 이야기하
는지가 관심사였기 때문입니다. 죄의식을 느낀다고 말한 8명 중 4명
이 죄와 죄의식, 용서를 마지막 질문 전까지는 언급하지 않았습니다.
단 1명만이 마지막 질문 전에 죄에 대해 말했을 뿐입니다. 이러한 결
과는 인터뷰에 참여했던 사람들 대부분이 '죄인'이라는 인식을 갖고
있고, 죄의식과 용서에 대한 질문이 건네지면 이에 대해 답할 수는 있
지만, 이 문제가 참여자들의 신앙 여정에서 큰 부분을 차지하지 않는
다는 것을 의미합니다. 3명만이 죄와 죄의식에 대한 질문이 등장하기
전에 가벼운 정도로 이에 대해 언급했고, 마지막 질문을 받은 뒤에도
죄의식을 표현했습니다. 나머지 8명은 죄의식과 용서에 대한 생각이
전혀 없었고, 질문을 받기 전까지 이에 대해 언급하지도 않았습니다.

더 놀라운 점은 참여자 중 3명만이 마지막 질문이 건네지기 전에 십
자가와 그리스도의 속죄를 말했다는 사실입니다. 질문이 던져지지 않

았는데도 속죄를 언급한 3명 중 한 사람은 "부활절 이야기와 예수님이 우리에게 해주신 일"에 대해 지나가며 짧게 언급했습니다. 그 후에 자신은 죄의식이나 수치심이 전혀 없다고 말했습니다. 나머지 2명은 속죄에 대해 더 깊이 이야기했습니다. 그리스도교인이 되는 일이 무엇을 뜻하는지 배웠느냐는 질문에 한 사람은 이렇게 대답했습니다,

> "예수님이 오셔서 완전치 못한 우리를 구해주시고, 우리가 잘못한 모든 것을 용서하신 이야기를 배웠어요. … 예수님에 대해 더 배운 뒤 교회에 다녀보니 이 문제는 제게 훨씬 더 실재적인 문제였어요. '십자가에 못박힌 우리 죄' 이야기가 있었습니다. '누군가 십자가에 못박혔다'는 것은 큰 힘이 돼요. 그 후에 그리스도교인이 된다는 것이 실재적인 문제라고 생각하게 되었고, 관계도 실재적인 것이 되었죠."

이는 그리스도에 대한 전통적인 복음주의의 가르침을 충실히 따르는 대답이었습니다. 이 사람은 분명히 '죄에 대한 확신'을 느꼈고, 용서의 기쁨과 자유를 경험했습니다.

2명만이 속죄가 자신에게 의미있다 말하고, 질문이 던져지지 않았음에도 죄의식에 관해 말한 사람이 2명뿐이었다면,[8] 다른 사람들을 그리스도교로 이끈 것은 무엇이었을까요? 그리스도교의 메시지 중 어떤 것이 이 사람들을 움직였을까요? 그리스도교 신앙의 다양한 측면이 언급되었습니다. 어떤 이는 하느님께서 항상 거기 계시고 우리

---

8 2명이 마지막 질문 전에 속죄에 대해 제법 이야기 하였다. 3명은 죄의식에 대해 마지막 질문 전에 제법 언급하였다. 속죄에 대해 이야기한 사람들 중에서 1명이 죄의식에 대해서도 이야기 하였다. 그러므로 4명만이 죄의식이나 속죄에 대해 제법 이야기를 하였고, 질문을 받았을 때에 죄의식을 느꼈다.

기도에 응답하시며 우리를 도우신다는 사실에 대해 이야기했습니다.

"항상 거기 계시는 누군가가 있다는 거예요. 내가 아무도 돌봐
줄 이 없는 외로운 사람이 아니라는 거죠."

어떤 사람은 하느님이 함께 계심을 알아차렸던 구체적인 사건을 언
급하기도 했습니다.

"하느님이 어딘가에 계시면서 내 이야기를 듣고 계신다는 사실
을 강렬하게 느꼈던 기억이 있어요. 그때 나는 아무 걱정할 필요
가 없고 무슨 일이 일어나든 괜찮다고 생각했어요."

그리스도교인이 되는 것이 무엇을 뜻한다고 배웠느냐는 질문에 한 나
이든 남성은 이렇게 대답했습니다.

"저는 그것이 하느님의 사랑을 향해 … 성장하는 경험 그 이상이
라고 생각해요. 무언가를 형성 *build up* 해가는 일인 거죠."

그는 그리스도교의 어떤 것이 자신을 이끌었는지 설명하는 데 어려
움을 겪었습니다.

"특정한 한 가지를 꼽기는 어려워요. 모든 것에 흐르고 있어요.
하느님을 바라보고 그분께 기도하고, 어떤 작은 것도 그와 함께
나누는 거예요."

어떤 이들에게는 그리스도교인이 된다는 것이 그들을 사랑하고 기
도를 들어주는 하느님과의 관계를 경험하는 것을 뜻합니다. 또 다른
이들은 행복 또는 더 나은 생활을 찾는 것에 대해 이야기했습니다. 예
전에 불안한 생활을 이어갔던 한 참여자는 그리스도교인이 되면 자신

의 삶이 나아지리라 생각했다고 말했습니다.

> "하느님을 알게 되면 더 나은 삶을 살 수 있을 거라고... 그것이
> 즉각적인 매력이었고... 하느님이 공평한 방식으로 제게 주신 것
> 들을 보세요. 사랑스러운 아내, 훌륭한 집 … 우리 두 사람의 월
> 급도 나쁘지 않고... 우리는 운 좋은 사람들이에요."

3명의 참여자는 그리스도교의 진리에 대해 이야기했습니다. 그들은 진리를 찾았으니 더 이상 의미를 찾을 필요가 없다고 답했습니다. 그리스도교의 무엇이 그들을 이끌었느냐는 질문에 한 참여자는 알파코스에 참여했던 경험을 이야기했고, 그때 겪었던 모든 것이 진실했다고 말했습니다. 다른 한 사람은 의미를 찾는 탐색에 관해 이야기했는데, 자신이 '옳다고 느끼는' 의미체계를 찾고 있다고 말했습니다. 그는 그리스도교 교회 안에서 질문할 수 있는 자유를 발견하고 그것을 즐기고 있었습니다.

또 다른 참여자는 하느님이 자신에게 '모든 것이 진실하다'고 말씀하셨던 회심 경험을 나누고, 이 경험이 자신의 복음주의적인 신앙에 영향을 미쳤다고 말했습니다.

> "그 경험 이후로 저는 예수님이 얼마나 훌륭한 사람인지에 대해
> 서는 말하지 않으려 해요. 이제 '그분만이 진리예요. 당신도 그
> 걸 발견할 수 있어요. 여기가 바로 그걸 발견할 수 있는 장소예
> 요'라고 말해요."

참여자 몇 명은 훌륭하게 사는 것, 예수님의 모범을 따르는 것 등 윤리적인 부분에 대해 이야기했습니다. 한 명은 자신이 늘 강한 도덕의

식을 지니고 있었고, 옳게 살기를 원하며 자녀들에게도 옳고 그름에 대해 가르쳐주기 원한다고 말했습니다. 그녀는 그리스도교 도덕에 대해 이렇게 언급했습니다.

> "(그리스도교인 몇 명을 알게 되면서) 비로소 제가 그들과 같은 관점, 생각과 도덕을 갖고 있음을 깨닫게 되었어요. 이 모든 일이 제게는 매우 천천히 진행되는 여정이었어요. 여정 그 이상이에요. 저는 이 길을 계속해서 걷고 싶어요. … 저는 제 자녀들에게 옳고 그름에 대해 가르쳐주기 원한다는 걸 알았어요. 제 아이들이 제대로 행동하고, 다른 사람을 존중하고, 그리스도교의 도덕과 윤리를 존중했으면 한다는 걸 알았어요. 그러나 이 모든 것들이 그리스도교 도덕이고 윤리라서 그랬던 건 아니에요. 신자가 되기 이전부터 저는 그렇게 생각해왔어요."

인터뷰 참여자들은 자신이 용서가 필요한 죄인이라는 점을 얼마나 인식하고 있던 걸까요? 대다수는 죄의식과 수치심을 인정했지만, 죄에 대해 묻는 마지막 질문 이전에 이를 언급하는 사람들은 거의 없었습니다. 게다가 마지막 질문을 받기 전까지 그리스도교의 속죄를 이야기하는 사람은 찾아볼 수 없었습니다. 특별히 그리스도교의 어떤 메시지가 당신들을 이끌었는지 묻는 질문에 대해 죄 용서나 대속이라고 말하는 참여자는 단 한명도 없었습니다. 그 대신 하느님과 동행함으로써 더 나은 삶, 행복한 삶을 산다는 것, 또한 그리스도교 안에서 의미를 찾고 진리를 발견한다는 것, 예수님이 전하신 도덕적 잣대와 모범을 따른다는 것, 성서가 건네는 가르침과 일상생활에 도움을 주는 구절들에 대해 이야기했습니다. 이 모든 이야기가 죄와 용서에 관련되긴 하지만 '그리스도인이 되어가는 사람들의 경험에서 죄는 핵심이 아니었습니다'.

존 로빈슨 *John A. T. Robinson* 은 자신이 교회 게시판에서 '그리스도가 해답이다'라는 문구를 보았던 경험을 이야기합니다. 이 답변 옆에는 누군가가 적어 놓은 익살스런 문구 하나가 덧붙어 있었습니다.

그래요. 그런데 질문이 뭐죠? [9]

그리스도교 복음은 그리스도가 인간의 죄 문제에 대한 해답이라고 선언해왔습니다. 그러나 정작 사람들은 이 문제가 자신의 것이라고 생각하지 않습니다. 이는 제게 세 가지 점을 시사합니다. 첫째, 죄에 대한 우리 이해는 바뀌어야 하며, 복음주의권 안에서 이 문제를 소통하는 방식 또한 바뀌어야 합니다. 우리가 죄의 뜻을 너무 협소하게 이해해왔는지도 모릅니다. 죄 개념을 좀 더 넓게 이해할 수 있다면 우리가 처한 상황에 도움이 될 것입니다. 둘째. 그리스도의 십자가 속죄 신학을 개인적인 죄와 죄의식보다는 인간이 겪는 고난의 측면으로 확장해 수용할 필요가 있습니다. 아마도 그리스도교인은 우리 시대에 고통 받는 이웃들을 누구보다도 더 잘 이해할 수 있을 것입니다. 셋째, 사람들의 죄 많음을 지적해왔던 복음주의자들의 전통적인 방식이 지금도 유효한지 의문을 갖게 되었습니다. 이 짧은 장에서 세 가지 문제를 모두 다루기는 적절치 않을 것 같습니다. 저는 첫 번째 문제에 집중해 21세기 영국에서 죄를 어떻게 정의해야 할지를 탐구하려 합니다.

죄를 다시 정의하기

---

9 Fiddes, 1989, p. 5

'죄' *sin* 는 자주 '죄의 행위' *sins* 와 같은 뜻으로 자주 여겨져 왔습니다. 그러나 두 용어의 의미는 다릅니다. 신학자 폴 틸리히 *Paul Tillich* 는 교회가 우리 '죄의 행위' *sins* 를 개인의 도덕률 위반 *transgressions* 으로 다루는데 반해, 사도 바울은 단수 형태의 '죄' *sin* 에 대해 말한다고 주장했습니다. 틸리히는 '죄의 행위' *sins* 라고 이름 붙은 개인의 행위들 *actions* 은 더 심오한 문제인 '죄' *sin* 를 표현하는 피상적인 것이라고 설명합니다. [10] 앨런 만도 틸리히와 마찬가지로 죄에 대해서 질적인 관계를 뜻하는 단어를 양적인 것으로 표현하려는 접근이 우세해왔다고 지적합니다. 양적인 수치로 죄를 따지려 했다는 것이지요. [11] 그는 더글라스 존 홀 *Douglas John Hall* 을 인용해 이렇게 말했습니다.

> 그리스도교 용어 중 어떤 것도 죄라는 단어만큼 세상과 교회에서 오해된 용어는 없다. 그리스도교 신자들은 깨어진 관계를 의미하는 이 심오한 성서 개념을 죄의 행위로 축소하여 이해했고, 도덕적 비행, 죄와 연결된 생각과 언어, 행동, 특히 성적 다양성 등을 죄로 고백하며 용서받아야 할 무언가로 만들어버렸다. [12]

틸리히에 따르면 죄의 본질은 '사이가 멀어지는 것' *estrangement* 입니다.

> 인간이 존재 근거로부터, 다른 존재들로부터, 그리고 자기 자신으로부터 멀어지는 것이다. [13]

---

10 Tillich, 1957, pp. 52-3

11 Mann, 2005, pp. 18-19

12 Mann, 2005, p. 18

13 Tillich, 1957, p. 51

그는 불신앙과 교만, 탐욕이라는 전통적인 범주들을 사용해 자신의 주장을 전개합니다. 인간은 하느님에게서 방향을 돌려 그와 멀어졌습니다. 이는 '불신앙', 즉 '사랑 없음'을 뜻합니다. 그리고 각자 자기 자신에게로 방향을 돌려 자신이 작은 신이 되고 말았습니다. 이것이 '교만', 과도한 자부심입니다. '탐욕'은 자기 자신을 향한 자아가 모든 실재를 자신에게 끌고 오고자 함을 뜻합니다.[14] 멀어진 사이를 치료하는 방법은 사랑을 통한 재결합뿐입니다.

> 분리된 자들이 다시 결합하려는 노력, 사랑은 사이가 멀어지는
> 일의 반대다. 믿음과 사랑 안에서 죄는 정복된다. 멀어짐은 오직
> 다시 결합하는 일로서만 극복되기 때문이다.[15]

관계가 멀어져 자기 자신에게 파고드는 자아에 대한 틸리히의 설명은 수치심을 만성적으로 느끼는 사람을 언급하는 앨런 만의 설명에도 반영되어 있습니다. 만은 자신의 '이상적인 자아'와 부족해 보이는 '실제 자아' 사이의 간극에서 고통스럽게 살아가는 포스트모던 시대 사람들을 이야기합니다. 자기에 대한 이 판단은 "상호적이고 친밀하며 왜곡되지 않은 관계맺음"을 파괴합니다.[16] 만은 '하나 되기' *at-one-ment* 라고 표기되는 속죄가 만성적으로 수치심을 느끼는 이 시대의 자아에게 꼭 필요하다고 주장합니다. 자아와 타인, 거룩한 타자와의 화해가 이 시대 사람들에게 반드시 필요한 것입니다.

> 필요한 것은 인간이 겪는 고난을 더 온전하고 의미 있게, 그리고

---

14   Tillich, 1957, pp. 54-9

15   Tillich, 1957, p. 53

16   Mann, 2005, p. 31

더 성서적으로 설명하고, 속죄를 인간과 거룩한 존재가 맺는 관계의 복원과 화해로 설명하는 일이다. 우리는 진정한 관계를 맺은 존재들, 상호성과 친밀성으로 관계 맺어진 존재들이 사라진 시대를 살아간다. [17]

틸리히와 만은 죄의 문제를 매우 실용적인 방식으로 새롭게 정리합니다. 죄란 수용될 수 없는 행동이 있다는 것을 뜻하는 데서, 하느님과 타인, 자기 자신 사이에 사랑의 관계가 사라졌음을 의미하는 데로 나아갑니다. 제가 인터뷰한 사람들 중 몇 명은 하느님과의 관계로 돌아가는 것에 대해 이야기했습니다.

"저는 결코 혼자가 아니에요."

"하느님의 사랑에 대한 경험으로 성장하는 것 같아요."

"이 모든 것은 결국 관계에 관한 것이에요."

21세기 영국에서 사는 사람들은 아마도 어떤 관계에서도 이룰 수 없는 상호적이고 친밀한 관계에 관심을 가질 것입니다. 이러한 개념이 거룩한 법을 위반하는 행동을 한 뒤 용서를 구하는 전통적인 죄 개념보다 현 시대의 고통과 아픔에 더 잘 들어맞아 보입니다. 만은 "다른 사람의 필요가 아니라 자신의 이익을 갈구하는 이기심은 친밀성을 해치지만, 만성적으로 수치심을 느끼는 자아는 친밀함을 열망한다"고 주장했습니다. [18] 사람들은 거룩한 타자와 관계 맺는 법을 배우면서 사랑에 대해 알게 될 것입니다.

---

17   Mann, 2005, p. 49

18   Mann, 2005, p. 35

만은 오늘날 사람들이 죄의식보다는 수치심으로 인해 괴로워한다고 주장합니다. 속죄 신학 분야를 연구하는 학자들은 최근 수치심에 대한 새로운 이해를 주장했으며, 수치심과 죄의식이 어떻게 다른지 설명하고 있습니다. [19] 어떤 이들은 일본의 '명예/수치심' 문화에 대해 글을 쓴 노만 크라우스 *C. Norman Kraus* 의 작업에 관심을 보입니다. 크라우스는 수치심이 자아에 집중된 개념으로, 자기 존재에 대해 부정적인 느낌을 갖는 것이라고 설명합니다. 반면에 죄의식은 행동에 초점을 맞춘 개념으로 자신이 뭔가 잘못했음을 인정하는 것입니다. 만약 그의 주장이 옳다면 수치심은 제거하기 어려운 대상입니다. 자아에 부정적인 영향을 준 타자와의 관계를 회복해야만 문제는 해결될 수 있습니다. [20] 어떤 선교문헌에서 발견되듯 '죄의식 문화'와 '수치심 문화'를 나누어 범주화하는 것은 임의적인 일이지 증거에 입각한 것은 아닙니다. [21] 그럼에도 크라우스의 설명은 무엇이 죄며, 그것은 어떤 방식으로 드러나는지에 대한 우리 이해를 넓히는 데 도움을 줍니다. 크라우스의 주장은 우리가 오랫동안 정당하다고 여겨 온 대리 형벌, 속죄에 대한 주장에 정면으로 도전합니다. 수치심의 관점에서 죄를 바라본다면 가장 중요한 것은 관계의 회복입니다. 오늘날 영국 사람들은 자신이 법률상 죄를 저질렀다고 생각하지는 않지만, 틸리히가 말했던 관계의 멀어짐이나 만이 말하는 왜곡되고 분리된 자아 이해에 대해서는 동의할 것입니다.

---

19   Watson, 2005; Green and Baker, 2003; pp. 153ff

20   Kraus, 1987, p. 204

21   Hesselgrave, 1983, pp. 464-5

틸리히와 만 모두 인간의 고난을 '자기중심성'으로 표현합니다. 틸리히는 과도한 자부심인 '교만'을 하느님과 멀어진 자아가 스스로 신이 되는 일이라고 설명합니다. 여성주의 신학자들은 이러한 설명이 부적절한 성적 편견으로 인해 만들어진 관점이 아닌지 의문을 제기합니다. 발레리 골드스타인 *Valerie Saving Goldstein* 은 자신의 논문 「인간의 상황: 여성주의 관점」에서 남성의 죄는 자기 주장 *self-assertion* 인데 반해 여성의 죄는 자기 부인 *self-negation* 이라고 말하며, '여성적'인 죄는 사소함과 산만함, 타인 의존, 가십에의 심취, 감상성과 비이성성이라고 주장했습니다.[22] 메리 그레이 *Mary Grey* 역시 골드스타인을 언급하며 희생을 선택하는 죄를 추가합니다. 그녀는 대다수 여성이 자신의 필요를 다른 사람의 필요에 예속하도록 사회화되었고, 이러한 오류에 지나치게 익숙해져서 여성들에게 '덜 이기적일 것'을 권하는 일은 적절치 않다고 봅니다.[23] 세렌 존스 *Serene Jones* 는 여기서 더 나아가 "'우리가 저지르는 잘못'이라는 죄가 '우리에게 저질러진 피해'와 '우리를 규정하는 사회 관계'라는 죄를 너무 자주 가려왔다"고 말합니다.[24]

어떤 경우에도 자기 자신을 희생시킨 그 대상(남성이든 사회 구조이든 간에)이 죄라고 인정되지 않은 상태에서, 자신의 죄를 확신하라고 말하는 일은 적절치 않을 것입니다. 이러한 접근에는 억압받은 사람들이 자신들의 경험을 통해 억압이라는 사회의 압력을 깨달아야 한다고 말했던 해방신학 이야기가 큰 도움을 주었습니다. 많은 사람들

---

22 Saving Goldstein, 1960, p. 109

23 Grey, 1994, pp. 233-4

24 Jones, 2000, p. 120

을 가난의 구렁텅이에 몰아넣고, 여성을 수동적이고 순종적인 존재로 만드는 불의한 구조에는 해방신학을 통해 '죄'라는 이름이 붙었습니다. 영국 성인 여성 5명 중 한 명은 어떤 형태로든지 성적 폭력을 경험한다고 합니다. 그리고 많은 경우 비난과 불신에 대한 두려움과 수치심으로 인해 자신이 겪은 폭력을 경찰에 신고하지 못한다고 합니다. 아이들을 돌보는 책임을 맡은 기관의 지도자가 아이들을 학대해왔다는 수많은 기사들을 보십시오. [25] 지미 세이빌 *Jimmy Savile* [26] 추문으로 인해 행해진 경찰 조사활동에서 드러난 수많은 입건 사례를 보십시오. 이러한 학대를 경험한 이들을 죄인이라 부르는 일은 적절치 않습니다. 죄인이라는 말은 억울한 그들의 마음, 그들의 수치심을 더 복잡하게 만들 뿐입니다. 그들은 이미 자신을 '나쁘다'고 생각하고 있을 것입니다. 그들에게 필요한 것은 자행된 죄로부터 그들을 해방시키는 복음을 제시하는 일입니다.

해방신학은 우리 모두가 관련된 불의한 구조에 대해 깨닫도록 돕는다는 점에서, 현재 '죄가 없다'고 느끼는 이 문화를 새롭게 바라볼 수 있는 관점을 제공합니다. 이 신학은 라틴아메리카의 가난한 공동체에서 출발했지만 21세기 영국과 같은 부유한 사회의 죄를 살피기에도 유용하다고 생각합니다. 가톨릭 신학자 앨버트 놀런 *Albert Nolan* 은 인종차별 사태가 벌어진 남아프리카에서 글을 썼습니다. 그는 소수를 부자로 만들면서 다수를 가난한 상태로 몰아 넣어 유지되는 불공정

---

25 www.repecrisis.org.uk 을 보라.

26 지미 세이빌 추문은 영국 BBC의 유명 진행자가 72명의 아동을 성폭행하고 성적으로 학대한 사건을 일컫는다. 하지만 그는 단 한 번도 경찰조사를 받지 않은 채 사망했는데, 그를 비호하는 BBC 고위 관료들 때문이었다.

한 경제 구조가 깊은 의미에서 죄라고 선언했습니다.[27] 공정무역의 출현은 전세계 2/3 지역의 생산자들이 자신의 생산물에 대해 아주 낮은 가격을 책정받을 수밖에 없는 현 상황을 적나라하게 고발했습니다. 영국 중심가에서 비싼 가격에 판매되는 어떤 옷에는 열악한 조건에서 낮은 임금을 받으며 일해 온 저개발국 의류제조 노동자의 손길이 담겨 있습니다.

　2013년 4월 방글라데시 다카에서 라나 플라자라는 건물이 무너졌습니다. 영국 언론은 이 사고를 보도하며 본마셰, 베네통, 프리마크의 옷들이 이 건물에서 제조되었다고 전했습니다. 건물 소유주 모하메드 소헬 라나 *Mohammed Sohel Rana* 는 1,000여명이 죽도록 방치한 죄로 체포되었습니다. 그는 분명 사람들의 질타를 받을 만한 인물이었지만, 다국적 의류 회사들이 현지 노동자들을 끔찍하게 대우해왔던 사실은 더욱더 충격적인 일이었습니다. 언론들은 이 비극에 엮여있는 맥락을 재빨리 포착했습니다. 다국적 의류회사들은 이익을 최대한으로 남기기 위해 공급업체에 불안한 노동환경을 강요했고, 그 책임을 공장소유주와 분담했습니다. 이러한 계약은 현지인들에게 고통과 비참함을 선물했지만, 다국적 기업들은 거대한 이윤을 챙겼습니다. 모메드 소헬 라나와 다국적 의류기업은 아니더라도 영국 중심가에 진열된 상품들이 어떤 과정을 통해 생산됐을지 추측하는 일은 어렵지 않습니다. 하지만 소비자들은 생산 과정보다는 가장 싼 값에 물건을 구입하는 일에만 관심을 둡니다. 싸고 질 좋은 상품만을 찾아 온 우리 또한 불안정한 노동환경에서 벌어지는 여러 가지 죄에서 자유롭지 못한 사람들일지

27　Nolan, 2009, p. 157

모릅니다. 놀란은 이런 경제시스템을 구축한 사람들뿐만 아니라 그로 인해 이익을 얻는 모든 사람들 역시 죄가 있다고 말합니다.

> 이 모든 것을 알면서도 법을 만들고 정책을 디자인하고, 이를 합리화하기 위해 거짓 가치를 홍보하고 불의한 구조를 세워가는 사람들 모두가 죄인이다. 그러나 죄 있는 사람은 그들만이 아니다. 이 모든 사실을 알면서도 불의한 구조를 통해 이득을 얻고 불의한 계약과 관계를 요구하며 유혹에 순응했다고 말하는, 그래서 이 시스템을 재생산하는 모든 사람들 역시 죄인이다. [28]

복음주의자들이 죄를 이러한 방식으로 새롭게 정의한다면, 불의한 구조 역시 죄를 짓는 체제로 인정한다면 현재 영국에 사는 어느 누구도 죄 짓지 않았다고 자신있게 말하지는 못할 것입니다. 만약 '죄의 행위'가 아니라 '죄' 개념에 대해서 이야기한다면, 저질러진 죄뿐만 아니라 자신이 겪은 죄가 인정된다면, 교만의 죄뿐만 아니라 자기 부정의 죄도 인정된다면, 죄짓는 경제, 사회구조가 죄에 대한 정의에 포함된다면 죄는 더 이상 우리가 사는 시대와 거리가 먼 개념이 아니게 됩니다. 우리는 그 한 가운데 서게 됩니다.

결론

제가 인터뷰한 11명, 그리고 존 피니가 1992년에 조사했던 500명은 어떻든 간에 신앙을 갖게 되었으니 복음주의는 변화할 필요가 없다고 주장할 수도 있겠습니다. 신자들이 보여주는 인류 공통의 상태(인간은 죄인이다)와 자기 이해(나는 좋은 사람이다)가 일치하지 않을지

---

28   Nolan, 2009, p. 159

라도, 사람들은 여전히 그리스도교인이 됩니다. 회개하지 않았지만 그리스도교인이 된 사람이 있다면 그 사람은 회개의 깊이와 의미에 천착하기를 바랄지도 모르겠습니다. 존 피니의 연구에 참여했던 500명, 그리고 제 연구에 참여했던 11명 모두는 자신들이 다니는 교회에서 어떤 방식으로든 회개의 진실성을 질문받았습니다. 교회는 그들에게 세례, 견진, 혹은 가톨릭 성인입문예식(RCIA)을 준비해주었습니다. 자기 이해와 죄에 대한 교회의 가르침 사이에 불일치가 있다 하더라도 사람들이 진실한 신앙으로 나아가고 있다면 아무 문제가 없는 것일까요?

저는 이 사람들이 일반적인 경우가 아니라 예외적인 경우라는 데 주목합니다. 이들과 같은 생각을 하는 많은 사람들은 신앙을 갖지 않습니다. 최근 몇 년간 교회의 출석신자는 급격히 줄어들었습니다. 2011년 조사에 따르면 영국인구 41%는 자신을 그리스도교인이라고 생각하지 않습니다. 인구의 80~90%는 교회에 나오지 않습니다.[29] 이제 교회는 세속화 이론 *secularization thesis* 의 강력한 도전에 직면해 있습니다. 저는 이 통계들을 토대로 그리스도교 신앙이 많은 사람들을 보듬지 못하고 있다고 결론 내렸습니다. 복음주의자인 저는 이 많은 사람들과 교회가 더 잘 만나기 위해 우리가 할 수 있는 일이 무엇인지 질문해야 한다고 생각합니다.

제가 보기에 교회는 전통적인 죄와 속죄에 대한 가르침의 내용을 개선해야 합니다. 죄를 '죄의식, 생각, 언어, 행동, 특히 성적 다양성의 행위'로 국한하지 말고, 깊은 이성적 불능, 내면의 분리, 이웃과 하느

---

29   Ashworth and Farthing, 2007, p. 6: English Churuch Census, 2005

님과의 분리로 이해할 필요가 있습니다. 나아가 '이웃'이라는 개념을 옆집 사람뿐만 아니라 세상의 다른 편에 살면서 소비자들의 선택에 영향받는 사람들까지 확장해야 합니다. 이러한 변화는 그리스도교 옹호자, 주일학교 교사들, 세례와 첫 성찬례, 견진과 성인입문예식에 참여하는 모든 이들에게 도전이 될 것입니다. 만약 어떤 복음주의자가 교회 경험이 없는 성인에게 당신은 매일 하느님의 율법을 매일 사소하게라도 어기고 있으니 회개해야 한다고 가르친다면, 그 사람은 가르침을 신뢰하지 못할뿐더러 가르치는 이가 공격적이라고 생각할 것입니다. 그리스도교 공동체에서 자란 한 아이가 매일 자신이 한 나쁜 행동 때문에 사과해야 한다고 배운다면, 아이는 어른이 되고나서 더 넓은 사회가 전하는 도덕관념과 마주했을 때 그리스도교의 가치관을 외면하게 될 것입니다. 죄와 회개를 설명할 때, 당사자가 어리든 나이가 들었든 상관없이 죄를 넓은 영역에 연결할 수 있어야만 그 유효성과 실효성을 인정받을 수 있게 됩니다. 그때 그리스도교의 죄에 대한 가르침은 오늘날을 사는 사람들의 조건과 연결될 수 있습니다.

앞서 말했던 교회 앞 신호등에서 기다릴 때마다, 저는 '죄 없는' 사회 사람들이 운전을 하며 저 메시지와 성서 구절을 어떤 식으로 이해할지 매우 궁금해 했습니다. "그 죄가 너희 덜미를 잡으리라"와 "오, 하느님 죄 많은 저에게 자비를 베풀어 주십시오"라는 말을 대신할 이야기는 없는 것일까요? 저는 하나의 가능성을 요한 묵시록에서 봅니다. 3장에서 부활하신 그리스도가 말씀하십니다.

들어라. 내가 문 밖에 서서 문을 두드리고 있다. 누구든지 내 음성을 듣고 문을 열면 나는 그 집에 들어가서 그와 함께 먹고, 그

도 나와 함께 먹게 될 것이다. *(묵시 3:20)*

이 구절은 그리스도와 직접 만나라는 초대입니다. 부활하신 그리스도는 라오디게아 교회 문 앞에 서서 사람들에게 자신을 들여보내 달라고 요청하십니다. 이 구절은 그리스도를 경험하지 못한 사람들에게도 강력한 메시지입니다. 여기서 드러나는 죄는 '그리스도의 부재'입니다. 그는 문 밖에 버려졌습니다. 그리스도를 모시지 않은 죄인들은 그를 다시 모시고, '친구처럼 함께 먹자'고 초대받고 있습니다. 이 장면은 하느님과 깊은 우정을 맺는 모습을 떠오르게 합니다. 이 구절은 사람들에게 잘못을 인정하라고 다그치지 않습니다. 대신 시간을 함께 보내며, 어느 것과도 바꿀 수 없는 우정을 맺자고 초대하는 것입니다.

참고자료

Ashworth, J. and I. Farthing, 2007, Churchgoing in the UK: A Research Report from Tearfund on Church Attendance in the UK, Teddington: Tearfund.

Dye, T. W., 1976, 'Toward a Cross-Cultural Definition of Sin', Missiology 4.1, pp. 27-41.

Fiddes, P. S., 1976, Past Event and Present Salvation: the Christian Idea of Atonement, London: Darton, Longman & Todd.

Finney, J,. 1992, Finding Faith Today: How Does it Happen?, Swindon: British and Foreign Bible Society.

Finney, J., 2004, Emerging Evangelism, London: Darton, Longman & Todd.

Gorringe, T. J., 2000, Salvation, Peterborough: Epworth Press.

Green, J. B. and M. D. Baker, 2003, Recovering the Scandal of the Cross:

Atonement in New Testament and Contemporary Contexts, Carlisle: Paternoster Press.

Greene, C., 1995, 'Is the Message of the Cross Good New for the Twentieth Century?', in John Goldingay (ed.), Atonement Today: A Symposium at St John's College, Nottingham, London: SPCK

Grey, M., 1994, 'Falling into Freedom: Searching for New Interpretations of Sin in a Secular Society', Scottish Journal of Theology 47. 2 pp. 223-44.

Hesselgrave, D. J., 1983, 'Missionary Elenctics and Guilt and Shame', Missiology 11.4, pp. 461-83.

Jones, S., 2000, Feminist Theory and Christian Theology: Cartographies of Grace, Minneapolis, MN: Fortress Press.

Kraus, C. N., 1987, Jesus Christ Our Lord: Christology from a Disciplel's Perspective, Scottdale, PA: Heral Press.

Mann, A., 2005, Atonement for a 'Sinless' Society: Engaging with an Energing Culture, Milton Keynes: Paternoster Press

Nolan, A., 2009, Hope in an Age of Despair and Other Talks and Writings, Maryknoll, NY: Orbos Books.

Peace, R. V., 1999, Conversion in the New Testament: Paul and the Twelve, Grand Rapids, MI: Orbis Eerdmans.

Peace, R.V. 2007, 'Conflicting Understandings of Christian Conversion: A Missiological Challenge', in J. J. Bonk et al. (eds), Speaking About What We Have Seen and Heard: Evangelism in Global Perspective, New Haven, CT: OMSC Pubications.

Priest, R. J., 1993, 'Cultural Anthropology, Sin, and the Missionary', in D. A. Carson and J. D. Woodbridge (eds), God and Culture: Essays in Honor of Carl F. H. Henry, Grand Rapids, MI: Eerdmans/Carlisle: Paternoster Press.

Priest, R. J., 1994, 'Missionary Elenctics: Conscience and Culture', Missiology: An International Review 22.3, pp. 291-316.

Saving Goldstein, V., 1960, 'The Human Situation: A Feminine View', The Journal of Religion 40. 2., pp. 100-112.

Spencer, N., 2003, Beyond Belief? Barriers and Bridges to Faith Today, London: the London Institute for Contemporary Christianity.

Stott, J., 1975, Systematic Theology, vol 2, London: James Nisbet & Co.

Watson, J., 2005, Shame: Biblical Reflections and Pastoral Advice on Living with Shame, Cambridge: Grove Books.

Wink, W., 1984, Naming the Powers: The Language of Power in the New Testament, Philadelphia: Fortress Press.

<Website>

Census 2011, http://www.ons.gov.uk/ons/rel/census/2011-census/key-statistics-for-local-authories-in-england-and-wales/rpt-religion.html.

English Church Census 2005, http://www.eauk.org/church/research-and-statistics-english-church-census.cfm.

www.baptist.org.uk.

www.rapecrisis.org.uk

파이어니어로 살아가기
– 파이어니어로 살아가는 당신을 위한 핸드북

초판 발행 • 2019년 7월 1일
지은이 • 조니 베이커·캐시 로스
옮긴이 • 양혜란
발행처 • ㈜타임교육
발행인 • 이길호
편집인 • 김경문
편집 • 이지음
검토 • 김경문·양지우
윤문 • 김경문·김경수·김영철·이인제·이지음·조충연·최희재
제작 • 김진식·김진현·권경민 | 재무 • 강상원·이남구·진제성
마케팅 • 이태훈·방현철 | 디자인 • 이지음

출판등록 • 2009년 3월 4일 제322-2009-000050호
주소 • 서울시 성동구 성수동2가 281-4 푸조비즈타워 5층
주문전화 • 010-9217-4313 | 팩스 • 02-395-0251 | 이메일 • kmkim108@gmail.com

한국어판 저작권 ⓒ 2018 ㈜타임교육
ISBN • 978-89-286-4542-8 (03230)

값 10,000원